国防科技大学“十二五”
重点建设继续教育项目资助

美国航天基金会2015年度报告

Meiguo Hangtian Jijinhui 2015 Niandu Baogao

美国航天基金会　著
傅中力　周黎妮　王姝　译

国防科技大学出版社
·长沙·

图书在版编目（CIP）数据

美国航天基金会2015年度报告/美国航天基金会（美国）著；傅中力，周黎妮，王姝译．—长沙：国防科技大学出版社，2017.1
ISBN 978-7-5673-0465-9

Ⅰ.①美… Ⅱ.①美…②傅…③周…④王… Ⅲ.①航天工业—基金会—研究报告—美国—2015 Ⅳ.①F471.265

中国版本图书馆CIP数据核字（2016）第258523号

著作权合同登记 国字：军-2017-001号

国防科技大学出版社出版发行
电话：（0731）84572640 邮政编码：410073
责任编辑：周 蓉 责任校对：邹思思
新华书店总店北京发行所经销
国防科技大学印刷厂印装
*
开本：710×1000 1/16 印张：11.5 插页：8 字数：238千
2017年1月第1版第1次印刷 印数：1-1000册
ISBN 978-7-5673-0465-9
定价：72.00元

译序

发展航天、探索空间、利用空间是全人类共同的追求，随着人类活动范围向空间的逐步扩展，空间已经成为当今世界经济发展和科技竞争的战略制高点。航天事业从来都与国家利益、民族命运紧密相连，与国家安全、人民幸福息息相关。航天事业的不断发展对于促进人类文明和社会进步，满足经济建设发展要求，提高全民科学文化素质，维护国家权益，增强综合国力具有重要的支撑作用。当今世界的发达国家和一些发展中国家都将发展航天技术、利用空间资源作为战略性支撑产业，不断推动其发展，航天事业已经进入了全球化、商业化和全方位应用的新阶段。

今年恰逢我国航天事业创建60周年。60年来，我国航天事业经历了从小到大、从弱到强，已经成为具有战略意义的高科技产业，创造了以“两弹一星”、载人航天、探月工程为标志的辉煌成就，中国已逐步跻身世界航天大国之列，正向建设航天强国的目标迈进。中共中央总书记、国家主席、中央军委主席习近平为2016年4月24日首个“中国航天日”作出重要指示，明确提出：探索浩瀚宇宙，发展航天事业，建设航天强国，是我们不懈追求的航天梦。

为纪念“中国航天日”，大力弘扬航天精神，科学普及航天知识和应用，了解世界航天最新发展，国防科技大学军事高科技培训学院组织力量翻译并出版《美国航天基金会2015年度报告》。这是美国航天基金会自2006年以来每年连续发布的第10版航天报告，也是该报告首次在国内正式出版发行。

该报告共分四章。第一章介绍航天产品及服务，包括航天产品应用领域、主要的优势，以及航天机构与公众的合作等。第二章介绍航天经济，包括商业基础设施及支撑产业、商业航天产品及服务、政府航天产业预算，并对过去5

年的数据进行了总结。第三章介绍航天基础设施，包括载人航天系统、运载火箭、空间站、卫星、发射场等。第四章介绍航天人力资源，包括美国、欧洲、日本以及其他国家航天产业人力资源等。除此之外，报告还包括政府政策优先考虑事项和影响航天活动演变趋势的分析等。最后，为了便于读者理解，我们将书中涉及的英文航天专有名词进行了汇总翻译，作为附录。

本书的特色在于将航天技术与航天应用相结合，资料丰富，来源可靠。报告中运用了大量精美的图片和图表，以数据统计和对比分析的方法对航天及其应用价值进行了深入浅出的阐述，特别是依据大量参考文献和最新资料，在航天基础设施发展、航天产业发展及应用等方面，非常系统全面，是全面了解世界航天最新发展的权威指南，也可作为航天人才培养及相关专业培训的辅助参考书，以及广大航天爱好者的科普图书。

我们将与美国航天基金会继续合作，按年度翻译、出版报告，并联合美国航天基金会共同推出在线服务，读者可公开查阅有关航天研究报告，甚至包括从未公开过的数据。相关内容及更多信息请访问 www. thespacereport. org。我们希望通过一系列图书资料的引进和翻译出版，激发全民尤其是青少年崇尚科学、探索未知、敢于创新的热情，铸就航天精神，推动我国早日成为世界航天强国，为实现中华民族伟大复兴的中国梦凝聚强大力量。

我们在翻译、整理和校对过程中难免疏漏，欢迎读者批评指正。

译 者

2016年10月

沿银道面分布的银河系磁场。此图片由欧洲航天局（ESA）普朗克（Planck）卫星提供，显示磁场如何与星际气体云和尘埃互动。颜色较深区域表示尘埃密度较高。(ESA 供图)

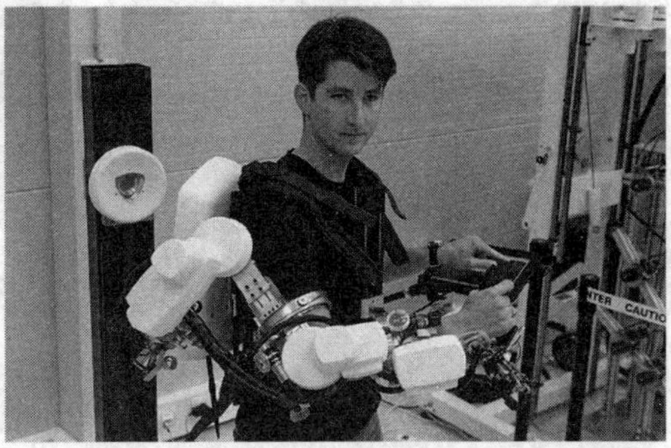

安德列·希勒（André Schiele）在欧洲航天局遥控机器人实验室用轻型骨科康复机器人展示遥控机器人操作。操作者通过手机网络便可控制骨科康复机器人。(ESA 供图)

美国国家航空航天局（NASA）局长查尔斯·博登（Charles Bolden）阅历丰富，他兴致勃勃地组织了 2014 年 12 月 NASA“猎户座”飞船测试，该飞船的设计初衷是将人类运送至火星及其他太阳系星座。(NASA 供图)

国际空间站宇航员合影。中间为首位执行空间站命令的日本宇航员若田光一（Koichi Wakata）。（NASA 供图）

波兰高中学生在与“罗塞塔”（Rosetta）项目经理进行的视频会议上展示航天模型。“罗塞塔号”彗星探测器飞行数十亿千米后，于 2014 年与彗星会合，着陆后放置一个小型探测器。（NASA/喷气推进实验室供图）

雷达技术公司（Radar Technologies International）使用 GPS、陆地卫星（Landsat）图像、空间成像雷达及航天飞机雷达地形测绘任务技术，在频遭干旱的肯尼亚找到数万亿加仑的地下水。（NASA 供图）

家长和儿童在航天基金会火星模拟场（该场地模拟火星车通过火星表面障碍物）学习如何远程驾驶火星车。火星模拟场位于航天基金会设在科罗拉多州斯普林斯市的探索中心。（航天基金会供图）

目 录

概　述

经过数年稳定、持续发展，世界航天产业步入新的发展阶段，产业能力和客户数量均得到大幅提升。新晋企业尝试采用新方法建造和部署航天器，以全新方式向客户提供服务。老牌航天运营商也不断提升服务质量，借助最新技术，以更优惠的价格提供功能更强大的产品。

随着全球对历来被视为航天产业标志之一的卫星研究的升温，其他行业巨头纷纷有意投资卫星产业，尤其是全世界仍有数亿人尚未接触现代通信手段，市场潜力巨大。各航天机构在太空运输服务领域竞争激烈，对于身处互联网时代的用户而言，可充分享受太空运输服务带来的红利，利用全新方式了解现代网络世界，不断激发新的认识。可以预计，未来数年，受惠于航天产业的发展及专业人士的努力，我们的日常生活将发生巨大变化。

0.1　航天产品及服务

随着人们意识到航天产品（Space Products）及服务可为社会生活带来便利，便开始不断开创性地克服挑战，提升生活品质。2014 年，覆盖多领域、满足各种需求的航天产品及相关服务产业得到了长足发展。航天技术应用可衍生出多种服务，满足不同需求。例如，它不仅可解救受困的滑雪者，救助在海上陷入困境的船组人员，而且对精密度要求极高的小型神经外科手术，最初也源于操作空间站附近大型物件的相关技术。当然，对普通大众来说，对航天产业感受最深的，或许是大多数人每天携带的智能终端。

如今，从最便宜的平板电脑到高端智能手机，在生活中使用各种卫星辅助（satellite-augmented）设备的用户已达数亿。由于此类设备通常具备定位、导航及授时（PNT）功能，尽管智能手机出现时间不足 8 年，却有越来越多的人使用移动终端提供的各项应用服务，如进行社交和导航，搜寻附近美味实惠的餐厅，办理各种银行业务，利用手机游览旅游景点等。总之，由卫星提供的定位、导航及授时服务在各种便携智能设备上的运用最便捷、最精确，也最安全。

2014 年，几乎所有移动设备都开始接入由卫星提供的高品质并在经济上可被大众接受的影像服务。服务商在地图和导航软件中加入影像应用程序，而使用者利用这些智能设备，便可获取所在地点的实时图像。这种功能也可用于灾难救援，方便接收来自受灾地区的画面，掌握人员安全情况。影像、定位、导航及授时功能与通信网络相结合，可提供实时交通更新情况，包括了解送给心爱人的礼物何时能够送达，发生龙卷风地区的实时天气状况等。

上述及其他航天产品和服务严重依赖于政府和商业机构所提供的来自卫星的数据，极富创造力的企业和个人正寻求以独特的方式提供更多数据和产品，以刺激航天经济的进一步增长。

0.2 航天经济

纵观全球航天经济，2014 年“风景独好”。该年度的航天经济活动涉及航天发射和地面服务、卫星制造、卫星电视、卫星通信、政府勘探、军事开支等，当年实现了 9% 的增长幅度，总规模超过 3300 亿美元。其中商业航天活动占全球航天经济的 76%，2014 年增长幅度为 9.7%，其余部分则为政府对航天领域的各项投资，2014 年度增长 7.3%。

美国政府和军事航天领域的预算总额约占 2014 年全球政府航天预算的 54%。美国国家航空航天局（NASA）2014 年度预算较上年增长 4.6%，占当年全球政府航天投资的 22%。随着各国投资新的航天产品或拓展现有航天产业的领域，非美国政府的航天开支增长 12.9%，增幅已超过美国民用航天投资。

全球航天经济中，商业航天产品及服务占比超过三分之一，并以年均 2.5% 的增幅呈温和式增长，其中，卫星电视直播到户服务独占鳌头，占据 2014 年全球商业航天产品和服务市场四分之三以上的份额。

2014 年增幅最大的航天经济板块为商业基建及相关支撑行业，占全球航天产业整体收入的三分之一以上。发射场、地面站及设备、卫星制造等则是该行业的支柱部分，推动商业基建及支撑行业产值在 2014 年实现近 18% 的增长。即使由于造价昂贵导致军用卫星发射数量减少，但卫星发射总次数却显著增长，达到十余年来的最高值。

0.3　航天基础设施

航天基础设施主要与运载火箭、卫星操作及服务、载人航天以及其他重要功能相关。火箭发射是最为公众所熟知的航天活动，2014 增至 92 次（2013 年为 81 次）。美国与俄罗斯是 2014 年的主要航天发射国，欧洲航天局、中国、印度及日本等国家和组织也成功进行了发射活动。2014 年，相关企业继续探索新的发射系统，围绕运载火箭重复利用性展开测试，试图降低轨道发射成本。也有公司专注研究亚轨道火箭飞行，吸引潜在客户开启探访临近空间之旅。

火箭有效载荷的类型及规模不断发生变化。2014 年发射的约 300 颗卫星中，近一半卫星重量低于 10 千克（22 磅）。俄罗斯发射的运载火箭一次成功将 33 颗小卫星及立方体卫星送入近地轨道，预计该国今后将发射部署更多类似卫星。立方体卫星部件的规模及特性正吸引更多研究机构、小型公司及学校参与卫星的投资、制造、发射和运营。国际空间站也成为发射平台，并开始部署小卫星。

虽然美国在航天相关活动及产业支出最多，但目前却并无自主研发的载人航天运输系统，反而选择向俄罗斯购买太空发射服务。2014 年，美国政府通过与航天产业合作而屡获进展，以期最终改变上述情况。若一切进展顺利，美国国家航空航天局可于 2017 年前凭借某项计划再次将美国宇航员送入太空。

美国国家航空航天局可能将继续使用已有的发射场，而其他组织机构则计划于 2014 年新建、完善或建成新的发射场。美国一家公司在德克萨斯州布朗斯维尔附近动土兴建新发射场；有消息称中国新发射场已建成；为减少对哈萨克斯坦发射设施的依赖，俄罗斯继续在西伯利亚建造发射设施，但受困于如何吸引西伯利亚的熟练工人来支持新发射场建设的难题。

0.4　人力资源

航天人力资源始终处于各国优先发展的地位，但各国的航天人力资源年龄、教育水平及性别人员组成差异较大。2014 年，美国非军用航天从业人员群体继续呈现年龄偏大、规模缩小的趋势。日本的航天人力资源规模在经过连续四年增长后于 2014 年略微下降。欧洲国家继续推动扩大欧洲航天局及欧洲航天产业从业人员的规模。虽然大多数国家的航天产业尤其是技术领域由男性主宰，但部分国家却在努力提升女性从业人员的数量。由于各国制定的政策及预算决策会影响日趋激烈的行业发展方向及影响力，因此具体聘用情况存在差异。

哈勃空间望远镜所拍摄的这张影像显示了迄今为止所探测到的最为庞大的星系团，体积几乎为银河系的3000倍。(NASA/ESA 供图)

第一章　航天产品及服务

①加利福尼亚州纳帕谷地震后，欧洲“哨兵1A号”卫星（Sentinel-1A）拍摄的地面损毁态势照片，其范围较地面探测器更广。②神经外科医生正使用航天机器臂技术（“神经机械臂”）来保持精密外科手术中机械臂的稳定性。③艾伦·尤斯塔斯（Alan Eustace）穿着临近空间探索专用增压服。④诺梅克斯（Nomex）公司利用航天服技术为钢厂工人制作保护服。上述例子展示了航天产品及服务如何改善我们的生活、学习及探索世界的方式。（ESA、“神经机械臂”项目、完美太空发展公司供图）

1.0 概述

从防火服的设计到预报洪涝和旱灾，航天技术正努力推动生活品质的提升。正是因为人类致力于创造性地解决日常生活中的疑难问题，通过航天活动所获得的知识和技能不断推陈出新，加速了航天产品及服务的发展。

1.1 航天产品及服务的优势

美国航天基金会每年都以生动有趣且实用的方式来评价航天产品及服务，它每年在众多被提名的产品和服务中选取两项进入航天基金会的航天技术名人堂（Space Technology Hall of Fame）。全球卫星搜救系统（COSPAS-SARSAT）和“神经机械臂”因为能够以不同方式挽救生命，在 2014 年得以入选。为促进航天趣味性及知识普及，除航天技术名人堂外，航天基金会还提供航天产品及服务，或源自航天技术的产品及服务的认证，获得认证的产品和服务将利于市场推广。

无论是在徒步、滑雪或漂流中遇险，均有航天产品或技术可提供支援。1979 年由加拿大、法国、美国和苏联四国联合创立的全球卫星搜救系统，现已发展成为航天领域研究和组织救援的国际组织。该系统于 1985 年开始运行，参与的国家和组织已由最初的 4 个发展到 43 个[1]。在近地轨道和地球同步轨道上组网运行的 11 颗国际卫星搭载的有效载荷，可以监听所有报警信标，并迅速通知全球 31 个任务控制中心，由任务控制中心向信标地点派出救援。全球卫星定位系统结合地面终端，确保激活信标可被探测到并获得地理坐标。据估计，全球卫星搜救系统在全球范围内拥有可激活信标约 15 亿个，预计到 2020 年将再增加 11 亿个。2012 年，该系统在近万次搜索和营救行动中成功为 3.5 万余人提供有效救援[2]。

国际空间站宇航员进行空间站保养及维修工作所使用的加拿大二代机械臂（Canadarm2）和专用灵巧机械臂（Dextre），成为后来发展起来的神经机械臂（亦称医疗机器人）的原型系统。该系统医疗机器人利用磁共振成像（MRI）技术，可通过远程操控实施精密度极高的外科手术。例如，神经外科医生在手术室旁的控制室，便可操纵机械臂成功完成图像指引的神经外科手术。随着机械臂技术精密度不断提升，加之 MRI 设备更新，可接收分辨率更高的图像，开发出精密度更高的第二代医疗机器人指日可待[3]。此外，神经外科医生也可通过进行多次测试，降低手术中可能出现的失误，为病人提供更佳康复机会[4]。

直升机在碰撞模拟试验中急速下降10米，测试全球卫星搜救系统的应急定位发射器。实验中所使用的NASA着陆及撞击研究设施，其原型为“阿波罗号”的登月设施。(NASA供图)

1.1.1　旅行、生活及娱乐

长期以来，人类一直梦想自由飞翔，但唯有艾伦·尤斯塔斯在2014年10月完成了这个惊人壮举，他穿着航天增压服从临近空间自由落体。该增压服由ILC Dover公司为完美太空发展公司的平流层探索计划（StratEx）设计及研发，借鉴了美国国家航空航天局的Z-1和Z-2系列航空服技术，可保护尤斯塔斯抵御极端温度，并为他提供氧气。即便拥有此类保护装置，尤斯塔斯在飞向太空时仍然选择尽量减少活动，以保持较低的代谢率及氧气消耗[5]。他乘坐“科学气球”（Scientific balloon）耗时约两个半小时到达海拔约41500米（135890英尺）的高空[6]（约99.8%的空气位于该高度以下），随后一跃而下，在约5500米（18000英尺）高度打开降落伞，虽然在急速下落过程中产生音爆，但最终安全着陆，降落地距离新墨西哥州罗斯威尔发射场约113千米（70英里）[7]。其他探险爱好者可结合自身情况，并借鉴他的经验，不断开启新的气球冒险之旅。

卫星、手机和应用软件可为游览欧洲的背包客提供个性化旅游向导服务。LatitudeN软件应用开发商将手机卫星导航技术与地图和旅行软件结合，为用户提供个性化旅游体验。“法罗尔城市指南”这款软件正是利用卫星定位来标识用户周边的古代遗迹、建筑物、博物馆、咖啡厅以及具有重要历史意义的景点。无论是阿姆斯特丹的荷兰国家博物馆，还是希腊万神庙，“法罗尔城市指南”都可以详细编目成有价值资料，供游客细阅或浏览。即使不能上网，用

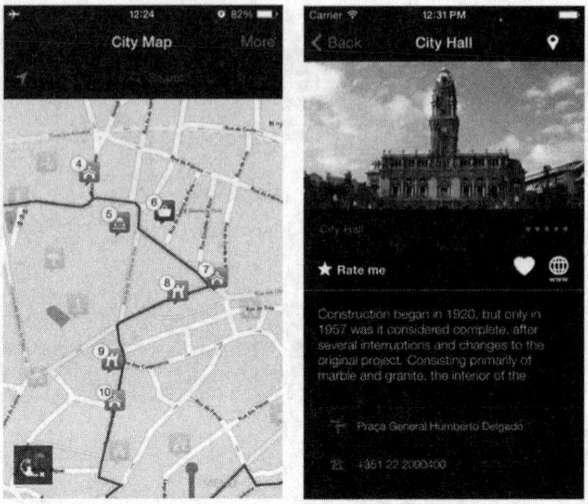

智能手机的应用软件集成了卫星导航、影像处理及接入互联网等多种功能。如“法罗尔城市指南”这款软件可帮助游客如同当地居民一样饱览全镇。(LatitudeN 供图)

户仍可使用该软件提供的观光景点清单，对周边景点优先排序，或使用自动处理功能，创建个性化观光清单[8]。

部分网络零售商力求实现接单后两天内交付。小型同城快递服务商 Tiramizoo 正尝试利用卫星导航技术和网上地图来优化物流速度[9]。通过该公司的软件，顾客运用卫星导航和定位技术实时追踪快递，公司也可通过监控配送员的位置信息迅速调整，实现快速接单。除电脑预设的路线程序外，配送员也可使用智能手机接收最优接送单路径。换言之，通过使用卫星协助技术，可提高配送效率，精简决策流程，确保客户订单配送，优化配送员快速接单送单[10]。

曾几何时，获取高清卫星图像需要通过安全部门的审核，并使用专用设备进行浏览。现在，得益于 Orbit Logic 等公司研发的技术[11]（该公司 2013 年末推出一款智能手机软件应用 SpyMeSat），公众获取平价高清的卫星图像不再遥不可及。无论您想获得中国酒泉卫星发射中心的鸟瞰图，还是想了解 Ultimate 的新停车场究竟会对家燕的冬迁造成何种影响，您只需触摸智能手机屏幕来确定目标区域，即可获取该区域 30 厘米分辨率（11.81 英寸）的高清图像。过去政府需花费数百万美元方能获取的高清图像，如今个人仅需支付 20 美元，即可获得地球表面几乎任何位置 2 平方千米（77 平方英里）的高清卫星图像，并在智能手机内进行合成[12]。

利用智能手机软件的定位、导航及授时功能，客户可实时追踪包裹的运送进展。同城快递服务商 tiramizoo 正是使用相关技术来搜索处于最佳位置的配送员，继而实现快速接单。(tiramizoo 供图)

1.1.2 能源、资源及环境管理

2014 年 8 月，加州纳帕谷发生 6.0 级强烈地震，欧洲航天局、美国地质勘探局（USGS）和谷歌公司等组织机构均向受灾地区提供了有关震后受灾情况的航天数据情报[13]。谷歌地球产品和 USGS 提供的卫星图像展示了纳帕市中心受损房屋的坍塌状况；欧洲航天局运用“哨兵 1A 号”卫星上的合成孔径雷达（SAR）进一步对该区域地震前后的图像进行了分析。“哨兵 1A 号”卫星在轨运行自动记录 SAR 数据，每 12 天重访并记载特定区域的变化情况[14]。通过对比同一地区不同时刻的两幅图像，即可确认地面损毁情况，并通过绘制干涉图查找断层和震中地点，用彩色轮廓线标识不同时段的卫星雷达图像[15]：线条越密集，地面变化越大，并据此找出真正的震中，确认地面损毁面积远超最初绘制范围[16]。

卫星图像应用日新月异。新兴公司 Terra Recovery 在“天腾”飞艇上运用卫星遥感技术勘察英国和北美的矿藏[17]。事实上，使用卫星进行矿物勘探由来已久，卫星传感器可通过感应足够数量的铝或稀土元素来识别废渣填埋场的材料。Terra Recovery 公司使用相关技术识别填埋场，如有必要则进一步使用无人机进行查看。传统方法需耗资 2000 美元成本钻出 25 米（82 英尺）的深洞方能提取核心样本，且不保证获得相应回报，仅英国就需要 25000 个核心样本，故使用卫星能节约大量时间和金钱[18]。

水资源短缺或泛滥，均会严重影响人们的日常生活。部分卫星可测量土壤

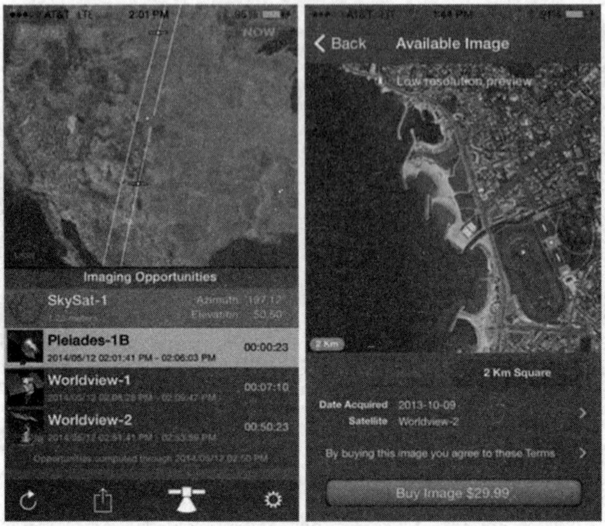

便携式航天技术：先找到图像卫星，然后用 SpyMeSat 等智能手机应用软件发出指令，并在数秒内接收最新的商业卫星图像。(Orbit Logic 供图)

含水量，预测地面发生洪灾或旱灾的可能性。美国国家航空航天局开发“重力恢复和气候实验卫星”（GRACE）新功能，用于预测特定地区在雨水丰沛的年份遭遇洪涝灾害的可能性。如图表 1－1 所示（见彩图）。由于土壤含水度影响地球重力场变化，导致两颗近地轨道卫星之间距离变动，通过 GPS 和微波系统对卫星进行测距，预测洪水发生的可能性[19]。目前，基于“重力恢复和气候实验卫星”数据预测洪水时间比实际发生滞后三个月，美国国家航空航天局正致力于将预测数据由月精细到天[20]。此外，科学家还通过该卫星探测美国高平原地下蓄水层状况，目前德克萨斯等州从地下蓄水层抽掉的水量多于蓄水层所灌注的水量，而堪萨斯等州则保持平衡[21]。“重力恢复和气候实验卫星”同时也监视科罗拉多河流域地下水的消耗情况，此前则必须从美国各州获得水资源使用报告才能获得相关信息[22]。

1.1.3 行政、教育及基础设施

社会媒体与航天机构公共关系部共同合作，通过在航天活动中提升机器人的人性化程度，激发人们对航天活动的兴趣。美国国家航空航天局“好奇号”火星探测车首次从火星表面向印度的“火星在轨任务”（MOM）卫星发出友好问候：“Namaste（合十礼），@ MarsOrbiter!”“火星在轨任务”卫星通过推

特（Twitter）展示拍摄的火星图片，使人们得以大致了解这颗红色星球[23]。诸如此类的即时通讯，不仅吸引了全球数百万人的关注，还同时向公众科普航天计划[24]。推特等社交媒体平台为印度、欧洲、中国及美国的航天项目提供了发言平台和公共关系渠道，如“菲莱号”“罗塞塔号”“玉兔号”“马文号”“好奇号”和“火星轨道器”均可以通过社交媒体，通报其系统状态和最新任务进展，并对复杂项目提供深入浅出的注解。有的使用“俳句”（haiku，日本的一种诗歌形式）、俏皮话进行交流，但大多数选择分享图片的方式，各种形式均会收获狂热粉丝的持续关注[25]。机器人探测器并非唯一利用社交媒体发布消息的“太空探险者”，国际空间站的宇航员也拥有成千上万的“粉丝”，他们同样使用社交平台进行互动，科普航天知识，提供项目进展，发布图片，并展示空间站进行的各种科学实验[26]。

民众也可通过分析图像等方式参与航天活动。如卫星图像公司和数字地球公司的 Tomnod 等网站以“众筹”为主要方式，发布任务需求列表，供用户在线浏览，同时吸引图像分析专业人士参与[27]。马航 MH370 航班失联后，Tomnod 向志愿者寻求帮助，试图查找失联飞机的线索，并在飞机可能失联区域的图像中标识可疑物体[28]。虽然人们也许无法找到失联飞机，但由于在搜索过程中会不断涌现出新的共享信息，因此可学到更多卫星图像识别关键技术和方法。

英国等国家的法律执行机构使用卫星图像供应商（如数字地球）提供的多光谱图像和德国航空航天中心（DLR）的 TerraSAR-X 等卫星提供的合成孔径雷达（SAR）图像，调查犯罪活动或查找黑帮巢穴，大幅降低了时间和金钱成本。英国 Satellite Applications（SA）Catapult 公司利用航天产品协助英国警方进行调查，同时提高了自身公司效益。凭借该公司的协助，英国警方也开发了多项技术，如利用图像变化检测发现异常并确定调查区域。在查找绑架案的作案车辆等关键线索时，图像覆盖得到的结果甚至可左右绑匪的量刑和最终判决[29]。

1.1.4　零售、金融及企业服务

随着航天活动和航天相关业务规模不断扩大，企业家们也敏锐察觉到其中所蕴含的商机。部分律师事务所将法律专长与卫星观测技术结合，开始尝到航天资源应用带来的甜头。Air & Space Evidence 等公司向客户提供卫星图像等专业航天服务，用于追究和监管欺诈等非法活动或巡察取证、核实环保索偿[30]。例如，富人们如果怀疑其产业内的树木遭邻居砍伐，可寻求专业的法律航天服务提供该区域不同时段的卫星图像，通过图像对比确认并起诉嫌疑

人。随着航天活动和遥感能力的提升，法律服务范围也会随之扩大。

从航天应用中获得的经验可提升卫星仿真和银行反欺诈软件的鲁棒性和精准性。Feedzai 是一家专门为欧洲航天局研发卫星任务仿真软件的公司，该软件开发了“软件宇宙”的概念，初衷是为培训卫星和系统操作员，但同时也可用于侦察地面佯动。该软件具备迅速处理大量数据资料和同步学习的能力，可以模拟欧洲航天局卫星及其基础设施的工作流程、航天系统响应和地面系统通信，可在卫星部署之前对卫星和系统操作人员进行培训。银行系统每秒实时处理数百万笔交易，反欺诈软件也必须具备自学和迅速处理大批量数据的能力，整合大数据并实现对欺诈指标连续检测的负责分析，还可用于侦察地面佯动[31]。

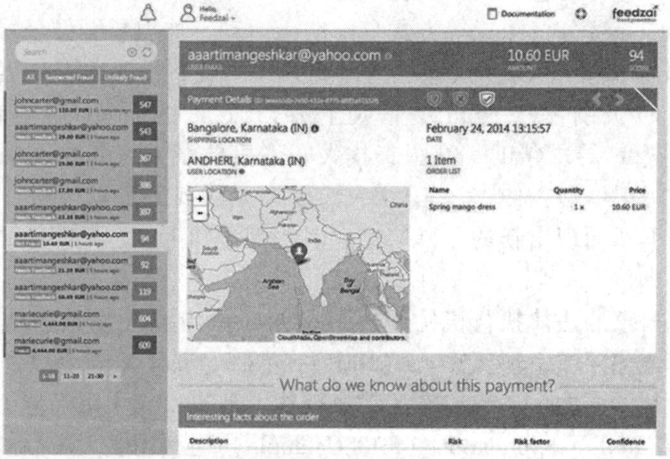

受卫星任务模拟软件的启发，Feedzai 公司开发的银行欺诈检测软件每秒可监视数百万笔银行交易，查找可能的欺诈行为。(Feedzai 供图)

1.1.5 运输、物流及制造

由于卫星可提供地理位置服务，作为城市新兴交通形式的拼车服务正日益受到追捧。有需求的拼车人使用 Uber 和 Lyft 等公司推出的 APP，可确认搭乘地点和距离最近的司机[32]。一旦拼车请求被接受，还可查阅司机的实时动态进展，舒适地在家静候[33]。

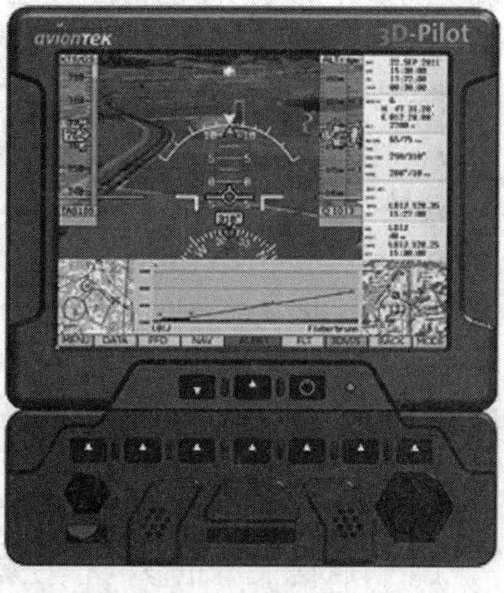

3D 飞行员软件及设备集成了导航定位授时、图像处理、雷达及卫星通信等多种卫星服务，凭借该系统提供的最新数据，飞机可以在低能见度环境中安全着陆。（avionTek 供图）

有些用于航空产业的产品结合了多项航天技术。如美国讯动科技股份有限公司（avionTek）开发了可在低能见度和恶劣天气条件下为飞行员提供起飞和着陆情景的3D飞行员软硬件产品。据统计，多数飞机事故发生于飞行员在设备简陋的机场起飞时遭遇能见度低的情景，飞机因而失去方向，而此类机场全球共有3万余个。3D飞行员产品的开发和出售提升了安全着陆的概率。该产品集成了欧洲伽利略、欧洲全球卫星导航系统（EGNOS）和美国广域增强系统（WAAS）的导航定位，结合合成孔径雷达卫星提供的地表高程数据，配备卫星图像及卫星电话，且数据库可实时更新，并通过机载硬件实现可视化。能见度较低时，飞行员可根据可视化信息制订飞行计划，并在飞行过程中保持飞机航向；飞行条件恶劣时，系统会提供实时可靠的虚拟场景信息，帮助飞行员按照目视飞行规则和仪表飞行规则，实现飞机的安全着陆[34]。

欧洲轨道交通控制中心仅依靠安装在列车上的导航定位、授时接收器和通信设备，并结合3G/4G陆地数据和卫星宽带服务，无须在所有铁路沿线安装复杂且昂贵的地面通讯硬件，便能够获取行驶中列车的精确位置。此项精准追踪服务能够保证列车在行进中接收沿线铁轨信号，对防止火车相撞意义重大。该系统符合欧盟大多数国家所使用的铁路管理系统标准，具有通用性。意大利撒丁岛地区的轨道系统已经成功测试本系统，未来将可能纳入欧洲铁路运输管理系统（ERTMS）[35]。此外，Ansaldo STS 作为测试 ERTMS 的承包商之一，正与澳洲的 Roy Hill 铁矿接洽，拟在2015年前为其提供自动化火车管理系统，确保运矿火车沿西澳大利亚州长342千米的重载铁路平稳运行[36]。

1.1.6 国土安全、防御及情报

随着全源分析公司（Allsource Analysis）等服务商在新闻资讯中获得广泛关注，图像情报已愈发为公众所熟知。2014年10月，这家位于科罗拉多州朗蒙特市的公司撰写了一份综合报告，阐述其在监视朝鲜政治犯关押地期间，在

港口发现朝鲜新型潜艇的情况。对一家图像分析公司而言，在世界公认的神秘禁区发现潜水艇等敏感物体并非新鲜事，但他们不仅仅只是简单发布事实，而是向公众告知事件的意义和具体内容。该报告提及的信息包括：船体尺寸、特性，与朝鲜其他潜艇的相似度，潜艇建造者和设计者（可能来源）的部分资料，潜艇周边建筑物（一家已知的潜艇制造设施）等[37]。虽然发现该潜艇实属偶然事件，但如此公开详尽的分析，则彰显了全源分析公司强大的数据处理及分析能力。航天图像服务商通过向客户提供专业图像分析来解读航天图像背后的秘密，该类服务已不再局限于仅仅提交原始数据，而是扩展到从识别图片中可直接观察到的资料，解释为何敏感目标和人物会在特定时间出现在特定地点，帮助客户更好地了解掌握有关背景情况[38]。曾经专属政府机构（如美国国家地理空间情报局和美国海洋大气总署）的服务正逐渐推广至个人用户。

图像和通信卫星也参与了搜救马航 MH370 客机的行动。Tomnod 等公司实时提供现场搜寻区域的卫星图像，并以“众筹”图像分析方式帮助查找飞机可能失联地点。国际海事卫星组织（Inmarsat）利用多普勒效应和飞机飞越国际海事卫星时自动发送的握手信号判定可能的飞行轨迹[39]。尽管此类努力未能就飞机失联交出满意答案，但通过此类活动，可以发现未来基于航天技术的飞机追踪及交通管制技术有何需求，并推动其不断发展。Aireon 等公司正在第二代铱星系统卫星（Iridium NEXT）上试验可覆盖全球的广播式自动监视（ADS-B）导航及追踪技术[40]。当该公司的卫星有效载荷于 2017 年入轨后，将向相关机构免费提供紧急追踪服务[41]。国际海事卫星通信公司正使用卫星和现有航天器技术，向客户提供更快捷的免费服务和更迅速的自动更新数据[42]。

在朝鲜港口发现潜艇只是图像情报处理的一部分。全源分析公司等服务商凭借专业服务帮助有关机构、企业和公众了解潜艇出现的原因。（Allsource Analysis/DigitalGlobe 供图）

1.1.7　科学、生物技术及保健

要在白色背景下分辨数米远处的北极熊，对科研人员来说并非易事，而要在卫星图像中寻找北极熊的身影，难度等同于在数百英里之外看清冰面上的白色斑点，因此，美国地质调查局负责的北极生态系统变化项目需借助气候变化及相关技术。由于北极部分岛屿周边的冰块开始融化，在夏季月份，北极熊可能会被搁浅在岛屿上。尽管岛屿本身颜色相对较深，但科学家仍需借助卫星图像记录被困北极熊的数量、时间和方位信息[43]。

在北极熊受困的季节，科研人员将向 DigitalGlobe 公司递交请求，搜集目标岛屿卫星图像。据参与该项研究的科研人员描述，通过使用卫星图像来侦察受困北极熊数目非常有效，并可大幅缩短观察间隔，这对迅速变换的气候状况而言，尤为重要。通过上述行动，研究员可在不扰乱北极熊正常生活的情况下，判定北极熊数目是否正因海洋冰块消失而变化。据该项目研究人员所述，使用卫星图像来确定北极熊数目仅为概念验证，最终还要通过观测其他生活在广袤且人迹罕至地区的大型北极动物，评估迅速变化的气候环境对整个生态的影响[44]。

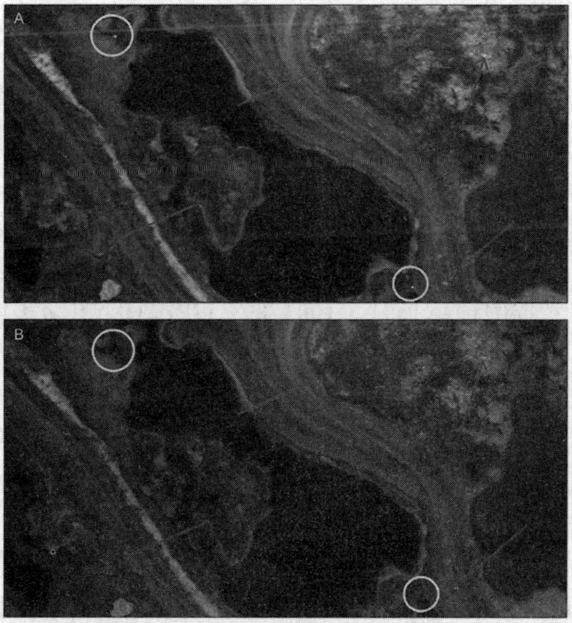

卫星图像显示的夏季北极熊数目，在较黑背景下监视并确定受困的北极熊数目。图中箭头和圆圈标明了北极熊的聚集地点。(USGS/DigitalGlobe 供图)

为满足瑞典钢铁厂工人在极热环境下改善工作环境的心愿，比约恩·伯格（Björn Borg）等服装制造商正努力尝试研发新的耐热内衣。以诺梅克斯（Nomex）为代表的宇航服材料制作的防爆特制内衣，可有效阻隔焊接过程中飞溅的钢水，如配合耐热外套和保护衣物共同使用，可为钢铁工人提供有效防护。此外，这种内衣隔热性好，即使周边的金属已加热至 1050 摄氏度（1922 华氏度），也能使工人感觉清凉舒适[45]。

农用拖拉机技术也正悄然发生改变。农民可借助卫星技术以厘米级精度操控农场设备。AREA4D 系统正是使用欧洲静地导航覆盖服务（EGNOS）提供的卫星数据，结合本地通信基站，旨在建立更好、更快及更实惠的 PNT 网络。该系统接收来自 GPS、“格洛纳斯”和欧盟“伽利略”导航系统的信号，在射频频段融合卫星和地面广播站的数据，实现更高精度的导航定位[46]。如将该技术与拖拉机、联合收割机及其他重型设备的自动机械化控制相结合，通过机械化控制和实时更新的地图数据，农场主可以大幅节省燃料成本，减少肥料和化学药剂的用量，更高效地管理农场[47]。

1.2 航天机构与公众之间的合作

2014 年，一群志愿者通过众筹的方式重启失效的美国国家航空航天局旧卫星的故事广为流传，它生动诠释了公众对于航天探索的兴趣和投入。

1978 年，美国国家航空航天局和欧洲航天局向距地球约 160 万千米（100 万英里）的轨道，发射探测太阳风（即太阳喷发的高速带电粒子流）的“国际日地探险者卫星 3 号”（ISEE-3）[48]。1982 年，ISEE-3 从初始轨道转移，进入新任务阶段，开始研究地球磁尾 - 地球磁场内的空间和带电粒子。由于太阳风的巨大压力，它逐渐远离地球。1985 年，ISEE-3 被更名为国际彗星探测器（ICE），转移到日心轨道并被赋予新的使命：穿越彗星并研究彗星的磁场及其他现象。位于 ICE 卫星新轨道内的贾可比尼 - 秦诺（Giacobini-Zinner）彗星被选为研究对象[49]。在成功穿越该彗星彗尾后，ICE 又被赋予新的使命：研究太阳的日冕物质抛射，得到卫星观察结果与地面观察结果的相似度。ICE/ISEE-3 发射近 19 年后，美国国家航空航天局于 1997 年 5 月终止与该卫星的联系，但卫星仍留在周期为 355 天的环太阳轨道上[50]。

2014 年 4 月，一群志愿者在互联网上发出接受捐赠请求，为 ISEE-3 项目重启筹集资金。捐赠主要用于为志愿者团队购买射电望远镜等设备，并研发新软件与 ISEE-3 重新对话[51]。与 ISEE-3 重新建立联系的时间节点设在当年 5 月，以便于 6 月中旬前向 ISEE-3 发出轨道机动指令[52]。初始阶段，团队顺利筹集到 12.5 万美元（在美国国家航空航天局没有出资的情况下，最终筹资超过 15.9 万美元）用于研制和购买与 ISEE-3 对话所需的软、硬件。由于最初与 ISEE-3 通信的硬件已报废，卫星操作团队在加州一栋旧的麦当劳快餐店内，使用笔记本电脑和开源软件生成无线电指令，通过波多黎各的阿雷西博射电望远镜发送和接收遥测信号[53]。

作为一项公众科学项目，志愿者在空置的麦当劳大楼内操控美国国家航空航天局的一颗入轨 37 年的旧卫星。(ISEE-3 重启项目供图)

2014 年 5 月 29 日，团队与 ISEE-3 成功建立联系，并获得美国国家航空航天局的授权，在 6 月 5 日至 25 日期间与 ISEE 3 进行对话并向其发送指令。项目团队使用美国国家航空航天局的深空网（DSN），通过远程操作确定卫星的精准位置，研究如何将 ISEE-3 卫星机动至近地轨道。但由于 ISEE-3 的动力装置氮气压力不足，卫星机动失败，目前仍停留在环太阳轨道。作为 ISEE-3 星际公众科学任务（ISEE-3 Interplanetary Citizen Science Mission）的一部分，卫星的新任务是获取尽可能多的太阳物理数据[54]。2014 年 9 月，ISEE-3 因为电力不足进入“安全模式”，包括应答机在内的多个辅助系统均自动关闭，卫星静待再次被唤醒[55]。尽管 IESS-3 项目已告一段落，但整个重启项目的过程却显示出公众对奇妙的太空探索之旅的极大热情和资助意愿。

参考文献

[1] Cospas-Sarsat Programme. History of Cospas-Sarsat. http://www.cospas-sarsat.int/en/about-us/about-the-programme. Accessed November 21, 2014.

[2] Cospas-Sarsat Programme, Secretariat. COSPAS-SARSAT System Data. December 15, 2013. http://www. cospas-sarsat. int/images/stories/SystemDocs/Current/SD39-DEC15_E. pdf.

[3] Lama, Sanju; Sutherland, Garnette; Wolfsberger, Stefan; Zarei-nia, Kourosh. "The Evolution of neuroArm." Neurosurgery. January 2013. http://journals. lww. com/neurosurgery/Fulltext/2013/01001/The_Evolution_of_neuroArm. 6. aspx. Accessed November 25, 2014.

[4] "The future of neurosurgery. Here's how we're getting there." NeuroArm. November 13, 2010. http://www. neuroarm. org/project/. Accessed November 21, 2014.

[5] Lee, Ryan. Telephone interview with John Holst. November 19, 2014.

[6] Markoff, John. "Parachutist's Record Fall: Over 25 Miles in 15 Minutes." New York Times. October 24, 2014. http://www. nytimes. com/2014/10/25/science/alan-eustace-jumps-from-stratosphere-breaking-felix-baumgartners-world-record. html. Accessed November 10, 2014.

[7] Paragon Space Development Corporation. StratEx. October 24, 2014. http://www. paragonsdc. com/stratex/. Accessed November 6, 2014.

[8] LatitudeN GmbH. Farol City Guides. October 2014. http://www. farolworld. com/. Accessed November 7, 2014.

[9] Tiramizoo, GmbH. FAQ/Tutorials. https://www. tiramizoo. com/faq. Accessed November 10, 2014.

[10] ESA. tiramizoo, GmbH. http://www. esa-bic. de/index. php? anzeige = tiramizoo. html. Accessed November 10, 2014.

[11] Orbit Logic, Inc. Release Notes. August 26, 2013. http://spymesat. com/releasenotes. html. Accessed November 10, 2014.

[12] Orbit Logic, Inc. iTunes SpyMeSat Description. October 14, 2014. https://itunes. apple. com/us/app/spymesat/id691290387? mt = 8. Accessed November 10, 2014.

[13] Whitehead, Timothy. "The Napa earthquake in satellite imagery." Google Earth (blog). October 13, 2014. http://www. gearthblog. com/blog/archives/2014/10/napa-earthquake. html. Accessed November 11, 2014.

[14] ESA. Revisit and Coverage. https://sentinel. esa. int/web/sentinel/user-guides/sentinel-1-sar/revisit-and-coverage. Accessed November 25, 2014.

[15] Natural Environment Research Council National Centre for Earth

Observation. How an Interferogram is Interpreted. http://comet. nerc. ac. uk/for_schools_radar5. html. Accessed November 25, 2014.

[16] Gannon, Megan. "How the Napa Quake Deformed Earth (Satellite Photo)." livescience. com. September 3, 2014. http://www. livescience. com/47660-napa-quake-deformed-earth-photo. html. Accessed November 11, 2014.

[17] Terra Recovery. "Landfill Profiling & Recovery." June 27, 2014. http://www. terrarecovery. co. uk/index. html. accessed November 11, 2014.

[18] Marks, Paul. "How to cash in on cheap Earth-watching satellites." NewScientist. June 27, 2014. http://www. newscientist. com/article/mg22229754. 800-how-to-cash-in-on-cheap-earthwatching-satellites. html #. VGJCu_nF_62. Accessed November 11, 2014.

[19] University of Texas at Austin Center for Space Research. GRACE Mission Overview. http://www. csr. utexas. edu/grace/overview. html. Accessed November 25, 2014.

[20] Rasmussen, Carol. "NASA Satellite Data Give Early Clues to Flood Danger." NASA. July 10, 2014. http://www. nasa. gov/jpl/grace/clues-to-flood-danger-20140710/#. VGKJmvnF_60. Accessed November 11, 2014.

[21] Sokol, Joshua. "From 310 Miles Above the Earth, Satellites Weigh Groundwater Lost to Irrigation." Public Broadcasting Service. November 10, 2014. http://www. pbs. org/wgbh/nova/next/earth/space-weighing-groundwater-lost-irrigation/. Accessed November 25, 2014.

[22] Buis, Alan; Cole, Steve; Wilson, Janet. "Satellite Study Reveals Parched U. S. West Using up Underground Water." NASA. July 24, 2014. http://www. nasa. gov/press/2014/july/satellite-study-reveals-parched-us-west-using-up-underground-water/#. VGKI1_nF_60. Accessed November 11, 2014.

[23] Curiosity Rover@ MarsCuriosity. "Curiosity Rover Twitter Feed." NASA. September 23, 2014, 0803PM. https://twitter. com/MarsCuriosity/status/514611142178516993.

[24] Curiosity Rover@ MarsCuriosity. "Curiosity Rover Twitter Feed." NASA. https://twitter. com/MarsCuriosity. Accessed November 25, 2014.

[25] ISRO's Mars Orbiter@ MarsOrbiter. "ISRO's Mars Orbiter Twitter Feed." ISRO. October 20, 2014, 0151AM. https://twitter. com/MarsOrbiter/status/524120625833467904.

[26] Gerst, Alexander. "Alexander Gerst Twitter Feed." ESA. November 12,

2014. https://twitter. com/Astro_Alex. Accessed November 12, 2014.

[27] DigitalGlobe. tomnod Our Mission. http://www. tomnod. com/. Accessed November 12, 2014.

[28] Tomnod@ tomnod. "tomnod Twitter Feed." DigitalGlobe. March 18, 2014, 0240PM. https://twitter. com/tomnod/status/446038340471508992.

[29] Livingstone, David. "Supporting UK Police Forces." Satellite Applications Catapult Aurora Newsletter. October, 2014. https://sa. catapult. org. uk/documents/10625/106944/C222761 + Newsletter + Oct14 + Stg5. pdf/1320e4a7-9eef-40a2-8bbb-43c6d5e0a0f2. Accessed November 12, 2014.

[30] Air & Space Evidence, Ltd. "Applications." October 2, 2014. http://www. space-evidence. net/applications-technologies/. Accessed November 12, 2014.

[31] ESA. "Bank on It." June 9, 2014. http://www. esa. int/Our_Activities/Technology/TTP2/Bank_on_it. Accessed November 12, 2014.

[32] O'Daniel, Adam. "Need a ride? Here's how Uber and Lyft work." Charlotte Business Journal. September 19, 2014. http://www. bizjournals. com/charlotte/print-edition/2014/09/19/need-a-ride-here-s-how-uber-and-lyft-work. html? page = all. Accessed November 14, 2014.

[33] Farivar, Cyrus. "Transportation innovation: How Lyft and SideCar are changing commuting." arstechnica. com. September 28, 2012. http://arstechnica. com/business/2012/09/my-life-as-a-high-tech-part-time-not-quite-taxi-driver/1/. Accessed November 14, 2014.

[34] Metzger, Klaus. "avionTek GmbH." ESA. http://www. esa-bic. de/index. php? anzeige = aviontek. html. Accessed November 14, 2014.

[35] Trifon, Cristina. "Tracking Trains by Satellite: a premiere for Europe." Think-Railways. May 6, 2014. http://www. think-railways. com/tracking-trains-satellite-premiere-europe/. Accessed November 14, 2014.

[36] "Ansaldo STS awarded Pilbara S&T contract." Railly News. July 5, 2014. http://www. raillynews. com/2012/ansaldo-sts-awarded-pilbara-st-contract/. Accessed December 2, 2014.

[37] Bermudez, Jr., Joseph S. "The North Korean Navy Acquires a New Submarine." 38 North. October 19, 2014. http://38north. org/2014/10/jbermudez101914/. Accessed November 14, 2014.

[38] Winkel, Vince. "Longmont's Allsource Analysis making waves in

intelligence community." Times-Call. October 26, 2014. http://www.timescall.com/business/ci_26795857/longmonts-allsource-analysis-making-waves-intelligence-community. Accessed November 14, 2014.

[39] Curtis, Sophie. "How British satellite company Inmarsat tracked down MH370." The Telegraph. March 24, 2014. http://www.telegraph.co.uk/technology/news/10719304/How-British-satellite-company-Inmarsat-tracked-down-MH370.html. Accessed November 14, 2014.

[40] Trew, James. "Rescue teams will soon have access to global aircraft tracking data." Engadget. September 23, 2014. http://www.engadget.com/2014/09/23/aireon-alert/. Accessed November 14, 2014.

[41] Aireon, LLC. Aireon ALERT Service Factsheet. September 22, 2014. http://www.aireon.com/Assets/Documents/Aireon_ALERTService_FactSheet_Sep2014.pdf.

[42] Svitak, Amy. "Inmarsat Proposes Free Flight-Tracking for Airline Safety." Aviation Week. May 12, 2014. http://aviationweek.com/space/inmarsat-proposes-free-flight-tracking-airline-safety. Accessed November 14, 2014.

[43] Atkinson, Stephen; Atwood, Todd; Garshelis, David; LaRue, Michelle; Lecomte, Nicolas; Stapleton, Seth. "Polar Bears from Space: Assessing Satellite Imager as a Tool to Track Arctic Wildlife." PLOS One. July 9, 2014. http://www.plosone.org/article/info%3Adoi%2F10.1371%2Fjournal.pone.0101513. Accessed November 18, 2014.

[44] Bittel, Jason. "Animals From Space: Polar Bears, Penguins Tracked Via Satellite." National Geographic. July 28, 2014. http://news.nationalgeographic.com/news/2014/07/140728-animals-space-polar-bears-science-satellites/. Accessed November 14, 2014.

[45] ESA. "The Heat Is On." October 10, 2014. http://www.esa.int/Our_Activities/Technology/TTP2/The_heat_is_on. Accessed November 14, 2014.

[46] "AREA4D." G2way. http://www.g2way.com/technology.html. Accessed November 21, 2014.

[47] "DRM Based NRTK Transmission Test Report." G2way. http://www.g2way.com/images/area4d.pdf. Accessed November 21, 2014.

[48] NASA. Press Kit, Release No: 78-118, Project ISEE-3. August 1978. http://images.spaceref.com/news/spacecollege/ISEE-3presskit.pdf.

[49] Maran, Stephen P. "Preface, The international Cometary Explorer (ICE)

Wallsheet Teacher's Guide." NASA. September 1985. http://ntrs.nasa.gov/archive/nasa/casi.ntrs.nasa.gov/19850026414.pdf.

[50] NASA National Space Science Data Center. ISEE-3. http://nssdc.gsfc.nasa.gov/nmc/spacecraftDisplay.do? id = 1978-079A. Accessed November 18, 2014.

[51] Cowing, Keith; Wingo, Dennis. "ISEE-3 Reboot Project by Space College, Skycorp, and SpaceRef." RocketHub and Space College (blog). September 27, 2014. http://www.rockethub.com/42228. Accessed November 18, 2014.

[52] Cowing, Keith. "ISEE-3 Mission Control." Space College (blog). May 30, 2014. http://spacecollege.org/isee3/isee-3-mission-control.html. Accessed November 18, 2014.

[53] Patel, Alex. "Free Software on the final frontier: GNU Radio controls the ISEE-3 Spacecraft." Free Software Foundation. August 8, 2014. http://www.fsf.org/blogs/community/free-software-in-space-gnu-radio-and-the-isee-3-spacecraft. Accessed, November 18, 2014.

Seeber, Balint. "The ISEE-3 Reboot Project: a dream SDR application." Ettus Research. July 7, 2014. http://www.ettus.com/blog/2014/07/contacting-a-36-year-old-space-craft-why-not. Accessed November 18, 2014.

[54] Cowing, Keith; Wingo, Dennis. "ISEE-3 Reboot Project by Space College, Skycorp, and SpaceRef." RocketHub and Space College (blog). September 27, 2014. http://www.rockethub.com/42228. Accessed November 18, 2014.

[55] Wingo, Dennis. "ISEE-3 is in Safe Mode." Space College (blog). September 25, 2014. http://spacecollege.org/isee3/isee-3-is-in-safe-mode.html. Accessed November 18, 2014.

第二章 航天经济

①工作人员在位于卢森堡的SES卫星指控中心操控53颗卫星。②伴随焰火和轰鸣，NASA对航天发射系统RS－25火箭发动机进行了500秒点火测试。③“进步号”货运飞船撤离国际空间站的特写。④设于德国中部的50个Intelsat卫星天线，用于联通Intelsat卫星与附近的指控中心。全球商业和政府活动将持续推动航天经济增长。(SES、NASA、Intelsat供图)

2.0　概述

全球航天产业规模于2014年继续保持高增长态势，较2013年增长9%。2014年，商业收入和政府预算规模达3300亿美元，相比2013年的3025.4亿美元增幅巨大，如图表2-1所示。

图表2-1　全球航天经济

年份	总额（10亿美元）	增长幅度
2005	176.66	—
2006	206.85	17.1%
2007	224.58	8.6%
2008	235.14	4.7%
2009	234.49	-0.3%
2010	243.94	4.0%
2011	270.92	11.1%
2012	285.67	5.4%
2013	302.54	5.9%
2014	330.00	9.1%

2014年，商业部分收入仍然占据全球所有航天经济活动的四分之三以上。商业基础设施及支撑产业（包括航天器、空间站及地面设备的制造，发射服务，独立研发及保险产业）是2014年航天产业的主体部分，如图表2-2所示（见彩图）。2014年，商业基础设施及支撑产业收入总额达1276.5亿美元，较2013年的1084.8亿美元增长17.7%。该增长主要得益于全球卫星导航系统（GNSS）接收器的销售。2014年商业航天产品及服务（含电讯、地球观测、导航定位授时服务）增长较慢，增幅为2.4%（2013年为1231.8亿美元）。

2014年，全球政府航天支出总额增至791.7亿美元，年增长率7%，扭转了2013年因美国航天预算削减而下跌的局面。2013年，政府支出占全球航天产业的24%。2014年，美国政府航天总投入429.6亿美元，尽管仍低于2012年的470.4亿美元，但较2013年的417.5亿美元增长2.9%，同年非美国政府航天投资增长12.9%，为362.1亿美元。

2.1 商业基础设施及支撑产业

实现航天梦有赖于航天基础设施和支撑产业的投入。航天基金会在统计2014 年商业航天基础设施及支撑产业投资时，涵盖了地面站及附属设施、卫星发射及制造、载人航天飞行、保险以及自主研发等内容。商业航天基础设施及支撑产业的收入由 2013 年的 1084.8 亿美元上升至 2014 年的 1276.5 亿美元，增幅达 17.7%，继续保持上升趋势。上述收入中，约 94% 来自销售、兴建及维护地面站等基础设施，如图表 2－3 所示。各国政府对航天基础设施的支出并未计算在内，第 2.3 节将详细介绍各国政府航天产业的预算情况。

图表 2－3　2014 年航天产业基础设施领域收入情况

商用基础设施及支撑产业	收入（10 亿美元）	来源
地面站及设备	119.60	多家机构、组织
卫星制造（商业）	4.75	Eurospace
发射产业（商业）	2.39	Eurospace
保险	0.68	AON/ISB 及其他机构
自主研发	0.22	航天基金会研究结果
亚轨道商业载人太空飞行（定金）	0.01	维珍银河、XCOR Aerospace
总计	127.65	

2.1.1 发射产业

2014 年航天发射次数增加至 92 次（2013 年为 81 次），其中 90 次成功将有效载荷送至预定轨道。92 次发射活动中，23 次属于商业航天发射，69 次属于政府航天发射。据欧洲航天产业协会（Eurospace）估算，2014 年全球航天发射市值达 81 亿美元，较 2013 年的 67.6 亿美元增长 20%，其中商业发射预计为 23.9 亿美元，国际空间站发射活动 13.7 亿美元，政府发射活动 43.5 亿美元（民用、军用发射活动分别为 18.7 亿和 24.7 亿美元），如图表 2－4 所示（见彩图）。航天发射也可按航天器飞行轨道来计算：地球同步轨道 32.8 亿美元；近地轨道 32.9 亿美元。其中 13.7 亿美元为国际空间站服务；其他轨道为15.3 亿美元。

2014 年全年，美国共进行了 11 次商业发射，约占全球商业发射次数一半，仅次于俄罗斯的全年 12 次商业发射。俄罗斯在 2013 年占据全球商业发射市场份额的 55%，但次年即锐减至 17%，仅进行了 4 次发射。2014 年，欧洲凭借 6 次商业发射占据全球商业发射市场 26% 的份额，印度和海上发射公司分别进行了 1 次商业航天发射活动，如图表 2 –5 所示（见彩图）。

2.1.2 卫星制造

2014 年，92 枚火箭共搭载 296 颗航天器进入太空，其中重量不足 10 千克（22 磅）的微卫星达 135 颗，占比最大，大幅提升了年度航天器发射总数。此类微小型航天器活动的增加，得益于立方体卫星的大量运用。立方体卫星属于纳卫星，基于 1999 年美国加州理工大学与斯坦福大学提出的抽象、开源设计理念开发。微卫星虽然数目大，但单颗质量很小，2014 年发射的 135 颗微卫星总质量仅 580 余千克（1280 磅），与 2014 年发射的总质量 355 吨相比，几乎可以忽略不计。除微卫星外，过去五年，近地轨道航天器平均质量为 2050 ~3150 千克（4520 ~6945 磅），地球同步轨道航天器平均质量为 3400 ~4800 千克（7495 ~10580 磅）。

2014 年发射的 296 颗航天器中，不属于微卫星的有 161 颗，较 2013 年发射的 130 颗数量增加 24%。这 161 颗航天器任务广泛，包括：14 颗用于为国际空间站服务，50 颗用于电信服务，15 颗用于导航及定位服务，36 颗用于地球探测和气象服务，11 颗用于科学探索，19 颗用于技术测试及在轨验证，10 颗用于军事情报侦察，6 颗用于其他任务。2014 年，161 颗航天器中的 15 颗与载人航天飞行有关（14 颗用于国际空间站服务，1 颗用于测试美国的“猎户座”飞船），102 颗负责执行政府任务（包括 39 颗军用和 63 颗民用），44 颗用于商用。

据欧洲航天产业协会估计，由于 2014 年发射的高市值军用卫星数量大幅减少，导致整体市值减少 89. 5 亿美元，而民用航天活动仅增加 33. 5 亿美元，其增加并未完全抵消减少数量，因此，航天器整体市值减少 13. 6%，如图表 2 –6、图表 2 –7 所示（见彩图）。此外，2014 年军用航天器市值减少主要由于美国发射的军事卫星数目较以往年度减少所致。

2.1.3 空间站

国际空间站合作国家已同意维持定期补给和人员输送任务至 2020 年，而美国则计划将国际空间站的使用延长到至少 2024 年。2014 财年美国国家航空航天局已就国际空间站的运营支出 29 亿美元，较上一财年的 28. 5 亿有所增加[1]。在过去的14年间，通过耗资近千亿美元的100多次火箭及航天飞机发射活动，国际空间站的建设终于完成。由于国际空间站退役时间比原计划的2020年延后，科学研究项目的数量有望进一步增加。

为支持国际空间站运行，相关国家在2014年共执行14次发射任务，其中10次为货运任务，4次运送人员。俄罗斯于2014年4次发射“进步号”货运飞船，为国际空间站提供补给，次数与2013年持平。太空探索技术公司（SpaceX）和轨道科学（Orbital Sciences）两家美国公司共同承担了国际空间站的5次补给任务。SpaceX公司2次发射“龙”（Dragon）飞船均获得成功，而轨道科学公司3次发射“天鹅座”（Cygnus）飞船，其中2014年10月的一次发射在升空数秒后即因“安塔瑞斯号”火箭助推器故障瞬间爆炸。欧洲航天局在2014年第5次也是最后一次发射自动转移飞行器（ATV），向空间站提供货运补给。所有4次载人发射均使用俄罗斯“联盟（Soyuz）号”宇宙飞船，向国际空间站往返运送宇航员。

飞船性能差异主要体现在两方面：一是运载能力差异，二是能否从国际空间站顺利返回。上述五类返回式飞船中，最早投入使用但可靠性较高的“进步号”飞船载重2.23吨（约合4920磅），在所有货运飞船中排名最后。即将卸任的ATV-5载重最大，达6.555吨（约合14450磅）[2]。其中，仅“龙”飞船可再入大气层并安全返回，使国际空间站宇航员可以向地球运回科学试验成果和设备。

2.1.4　地面站及设备

工作人员通过地面站和设备操控卫星及星上载荷，发送、接收及发布卫星数据，实施卫星通信，监测卫星健康状态等。地面站及设备为商业航天基础设施及相关产业的主体，2014年的市场份额为94%。地面站及设备有时也被称为地面基础设施或地面系统，包括航天操作中心、通信网络、远程操作终端及测控站、卫星电话、卫星电视接收器以及移动设备的导航芯片等。政府管理的地面基础设施包括美国空军卫星控制网及美国国家航空航天局深空网（Deep Space Network）等。商业地面系统设施则由挪威孔斯贝格卫星服务公司（Kongsberg Satellite Services）等提供，为国际通信卫星组织（Intelsat）及欧洲卫星公司（SES）等组织或卫星运营商提供卫星服务。

2014年，地面站及设备板块市值达1196亿美元，较2013年的1012.5亿美元增长了18%。其中，GPS设备收入2014年达913.3亿美元，占该板块市值的76%[3]；卫星电视、无线电广播、宽带及移动设备是本板块另一主要组成部分，2014 年增长 23 亿美元，达 179 亿美元[4]。

2.1.5 商业载人航天飞行

自 2011 年起，美国国家航空航天局与俄罗斯联邦航天局（Roscosmos）签署合约，依赖俄罗斯“联盟号”飞船将本国宇航员运送至国际空间站。2014 年，俄罗斯飞船每个座位价格升至 7600 万美元，较 2013 年增加 600 万美元。美国国家航空航天局曾断言，来源于商业轨道转移服务项目（Commercial Orbital Transportation Services，COTS）的商业乘员项目（Commercial Crew Program），将有助于加速实现利用商业手段向国际空间站运送宇航员的目标，具有里程碑式意义。2013 年 11 月，美国国家航空航天局发布第二阶段商业载人计划征求建议书，即商业载人运送能力（Commercial Crew Transportation Capability，CCtCap）合约。

2014 年，波音公司和太空探索技术公司分别获得 42 亿和 26 亿美元的 CCtCap 合约，使得商业载人计划的总投资超过 83 亿美元[5]，如图表 2－8 所示。2014 年 10 月，波音公司的载人航天运输-100（CST-100）系统顺利通过美国国家航空航天局的严格设计审查[6]。CST-100 的设计初衷是使用 ULA 的

图表 2－8 NASA 商业载人航天项目投资（单位：百万美元）

	商业载人航天发展计划（第一批）	商业载人航天发展计划（第二批）	商业载人航天能力集成项目	产品验证合约	商业载人运送能力	合计
蓝源公司	3.7	22.0	—	—	—	25.6
波音公司	18.0	112.9	480.0	10.0	4200.0	4820.0
完美太空发展公司	1.4	—	—	—	—	1.4
内华达山脉公司	20.0	105.6	227.5	10.0	—	363.1
太空探索技术公司	—	75.0	460.0	9.6	2600.0	3144.0
联合发射联盟	6.7	—	—	—	—	6.7
所有公司	49.8	315.5	1167.5	29.6	6800.0	8360.8

注：因四舍五入，单项数据之和与总数略有出入。

资料来源：NASA

"阿特拉斯5号"运载火箭发射。尽管波音公司需要在完成27项主要设计后才能得到美国国家航空航天局认证，但该公司承诺在2017年底前进行载人飞行测试[7]。太空探索技术公司则继续开展第二代"龙"飞船的相关工作，于2014年5月发布飞船的全尺寸实体模型，并于同年12月完成商业载人运输计划的第一阶段目标[8]。第二代"龙"飞船将由太空探索技术公司的"猎鹰（Falcon）9号"火箭发射至国际空间站。为获美国国家航空航天局认证，太空探索技术公司需要完成其他19个阶段目标，该公司力争在2017年第三季度进行第二代"龙"飞船的载人飞行测试[9]。若两家公司进展顺利，预计向国际空间站运送宇航员的单个座位价格将不到俄罗斯联邦航天局7600万美元的一半。

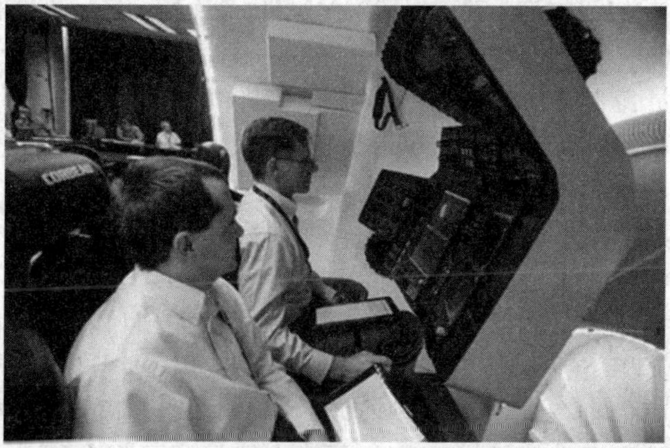

NASA操作和设计工程师测试载人航天运输-100（CST-100）模拟器，它是NASA商业载人计划支持的两架载人航天器之一。（波音公司供图）

2014年，相关公司继续为私人客户研制，并测试可重复使用的亚轨道飞行器，维珍银河公司两次测试其亚轨道飞行器"太空船2号"，第二次测试表明系统风险很高，飞船在飞行过程中解体，导致一名测试飞行员遇难[10]。虽然出师不利，维珍银河公司仍将继续建造"太空船2号"，已有700名客户预定了太空旅行舱位，每个舱位售价25万美元[11]。

XCOR航空航天公司凭借其可重复使用的"山猫"（Lynx）航天器成为维珍银河公司的潜在竞争对手，该公司于2014年12月透露"山猫"航天器已进入最终生产阶段[12]。XCOR航空航天公司力争从2016年开始每日向公众提供四次航班，每个座位售价10万美元[13]。XCOR公司和维珍银河公司均有意利用其自身平台提供卫星发射服务，维珍银河公司的发射平台为一款名为

LauncherOne的定型火箭，XCOR公司则使用从Lynx Mark Ⅲ公司购买的另外一款已定型火箭[14]。

2.1.6 基础设施支撑产业

基础设施支撑产业包括航天保险及航天相关研发服务等。2014年全球航天保险行业虽继续维持盈利态势，但净利润逐年下滑，如图表2-9所示（见彩图）。预计2014年底航天保险投保金额将达到6.8亿美元，而索赔金额为6.55亿美元。发射次数最多的国家也将面临高额事故风险。据说“安塔瑞斯”火箭发射失败连同“天鹅号”飞船坠毁，只获得4800万美元保险差额赔付[15]。2014年5月，俄罗斯发射的Proton运载火箭未能成功将一枚Ekspress-AM4R通信卫星送入预定轨道，保险公司赔付2.17亿美元，这也是去年最大的保险赔付案例[16]。维珍银河公司的“太空船2号”在一次飞行测试中解体，导致一名飞行员丧生，预计保险赔付金额将达4000万~5000万美元[17]。

作为航天基础设施的另一类重要板块内容，美国政府通过研究、发展、测试及评估（RDT&E）预算为发展材料、设备及软件提供资金，为美国陆军、海军、空军和其他军事机构服务[18]。有关项目达到RDT&E要求后，后续运营及维护将由其他资金支持。从2004至2014年，RDT&E年均向承包商拨款766亿美元（考虑通胀因素），其中6%分配至航天相关项目。2014年的658亿美元预算中，航天相关项目获拨比例不足4%[19]。

一旦承包商的研发活动超出国防部项目预算，国防部可使用自主研发（IR&D）预算的资金补偿承包商。此预算支持发展可提升战斗力的新型改良装置、材料、先进技术及其他产品[20]。2014年，IR&D预算中分配给航天相关活动的资金比例并未公开。2004年至2014年，国防部年均向IR&D拨款51亿美元，该预算整体支出增加35%。2011年，Defense Innovation Marketplace门户网站开通，该网站旨在增强国防部科技优先事项与IR&D项目之间的联盟合作，因此，预计IR&D预算仍将进一步提高。

2.2 商业航天产品及服务

2014年，商业航天产品及服务收入增长较慢，预估总额为1231.8亿美元，较2013年增长2.4%，其收入主要由四部分组成：卫星电视直播到户（DTH）、卫星通信、卫星无线电及地球观测。卫星广播服务（含DTH电视和卫星无线电）占据商业航天产品及服务收入的81%，如图表2-10所示。其中，DTH电视收入占比最大，为950亿美元，较2013年的926亿美元增长

2.6%。卫星通信收入略有提升，达217亿美元，较上年的215.5亿美元增长0.7%。地理定位和导航产业使用全球卫星导航系统提供PNT服务，虽然不属于商业航天产品及服务，但却是该板块的有益补充。2013—2014年，PNT芯片组（核心）市场收入增长21%，本报告2.4节将讨论其活动和增长情况，以及对航天产品和服务的影响。

图表2-10 2014年商业航天产品及服务收入

类别	收入（10亿美元）	数据来源
卫星电视直播到户	95.00	公开数据
卫星通信	21.70	公开数据
卫星无线电	4.18	公开数据
地球观测	2.30 *	北方天空市场调查公司
合计	123.18	

* 2013年为预测收入

2.2.1 卫星广播

卫星广播由卫星发送信号至地面接收器，是典型的单向传输。DTH电视及卫星无线电等即属于卫星广播服务。2014年，DTH电视收入950亿美元，约占商业航天产品及服务市场总额的77%。美国两大DTH供应商DIRECTV和DISH Network收入406.4亿美元，较2013年的385.8亿美元增长5%，占DTH电视总收入的43%。其他区域的DTH供应商收入为543.6亿美元。

一家名为Digital TV Research Limited的市场调查公司估计，DTH电视收入占2014年全球付费电视市场的44%[21]，预计2020年前增幅将达46%，其中美国仍主导该市场，巴西将跃居第2位，占比达7%。除行业内部竞争以外，DTH电视业务也面临有线电视和传统通信供应商等地面服务的竞争，它们使用铜或改良光纤基础设施、互联网或无线传输视频[22]。

DISH Network和DIRECTV公司通过提高用户服务费带动收入提升。2014年，DIRECTV公司收入260亿美元，较2013年增长5%，约占北美市场的64%，该公司每年新增约10.9万名用户，户均服务费为107美元，较上一年度的102美元有所增长[23]。2014年，尽管DISH Network公司流失近8万名用户，但户均服务费由2013年的80美元增至84美元，全年收入达146.4亿美元，增长5%[24]，如图表2-11所示（见彩图）。总之，这两家公司用户约占北美 1 亿名付费电视用户的 35%[25]。

东南亚地区的 DTH 电视用户数正迅速增长。Northern Sky Research（NSR）研究和顾问公司在其最新的 DTH 市场报告中预计，东南亚地区的 DTH 电视用户将在 2023 年前维持 7% 的年增长率[26]。尤其是印度新增 1650 万名新用户，使 2014 年的 DTH 电视订购用户总数达到 7306 万，较上一年增长 29%[27]。尽管印度的六大 DTH 电视运营商 Videocon d2h、Tata Sky、Airtel Digital TV、Sun Direct、Dish TV 及 Reliance Digital TV 之间竞争激烈，但 2014 年户均付费仍增长 12%~15%[28]。

就拉美市场而言，NSR 预计 DTH 电视用户将在 2022 年增加 9%，总数达 4600 万。2014 年发生在拉美的重大活动（如世界杯）也刺激企业在活动期间投资 DTH 广播相关新技术，包括向用户传送超高清电视节目等。付费电视也提升了拉美地区的卫星租用容量，2009—2014 年复合年增长率（CAGR）达到 8%。据市场公司 Euroconsult 分析，该地区 2014—2024 年的卫星广播租用容量复合年增长率将达 10%[29]。

2.2.2 卫星通信

2014 年，全球卫星通信产业收入约 217 亿美元，较 2013 的 215.5 亿美元略增 0.7%。尽管卫星广播是卫星通信的一种形式，但本报告中的卫星通信指用户与卫星之间的数据、声音及视频等双向传输。

卫星通信服务包括固定卫星服务和移动卫星服务。若地面终端在移动过程中与卫星进行通信，则属于移动卫星服务；若地面终端不在移动过程中使用，则属于固定卫星服务。卫星电话、船载或机载通信属于前者，而安装在建筑物及活动房屋的固定天线则属于后者。传统上，卫星通信公司的业务被分为固定卫星服务和移动卫星服务，但由于技术进步，两者的界限正在不断模糊。

卫星运营商掌握着数量庞大的卫星资源，它们提供固定或移动卫星服务，也可出租星载传送器/接收器载荷，部分卫星运营商甚至拥有 50 颗以上的卫星通信及广播业务专用卫星。随着数据通信不断取代声音及视频通信，与之相适应的卫星通信要求也随之扩大。

SES、Intelsat、Eutelsat 和 Telesat 四家商业固定卫星服务公司 2014 年总收入近 80 亿美元，占全球固定卫星服务 134.6 亿美元总收入的 59%[30]。在美国等国家，消费类宽带网络服务是固定卫星服务的新兴业务板块，且呈现持续迅猛增长的势头。根据卫星工业协会的数据显示，目前订购美国卫星宽带服务的用户数已达 125.5 万，基本上被 Hughes Retail 和Viasat’s Exede 两家公司平分[31]。

2014 年，移动卫星服务市场的最大贡献者为国际海事卫星组织，年收入

科研人员正为欧洲通信卫星组织的通信卫星缓慢放置运输盖，准备装运。（波音防务、空间与安全集团供图）

近 8 亿美元。根据 Euroconsult 报告预计，2014 年全球移动卫星服务市场收入 13 亿美元，增长 5%，2024 年的复合年增长率预计达 4%[32]。移动卫星服务在 2014 年搜寻马航 MH370 航班中发挥了重要作用，国际海事卫星组织仅凭失联飞机的极少资料，通过分析飞机与卫星之间的通信握手指令，得到数据查找飞机的可能去向[33]。由于该指令并非追踪飞机专用，因此有关分析和预计路线仍存在不确定性。MH370 的失联事件引发公众开始制订相关的解决方案，一定程度上减少或避免了其他飞机失联事故[34]。国际海事卫星组织宣布向飞机运营商提供一项免费服务，在其有所请求时根据现有技术提供追踪数据。移动卫星服务运营商铱星公司计划在第二代铱星系统卫星安装接收器，提供广播式自动相关监视（ADS-B）数据。第二代铱星卫星星座预期 2015 年开始发射，2017 年底前完成部署[35]。

2014 年铱星公司卫星电话用户数位居榜首，几乎占全球卫星电话市场一半份额；全球星公司名列第二，占全球市场四分之一强；其他两家服务商占据约 25% 的市场份额[36]。

2.2.3　地球观测

在 2014 年成功发射及部署的近 250 颗卫星中，86 颗卫星用于地球观测、遥感及卫星图像服务。咨询公司 Northern Sky Research（NSR）预计，2013 年地球观测服务收入攀升至 23 亿美元[37]，整体增长较慢，其复合年增长率较

2007—2012年间略有下降，如图表2-12所示（见彩图）。防务及情报领域收入占比最大，保险、旅游及新闻媒体应用等服务收入增长最快。NSR在2014年下半年预计，2023年卫星地球观测市场规模将达51亿美元[38]。

损失28%的星座，对于DigitalGlobe和BlackBridge等传统卫星图像搜集公司而言，意味着重大挑战。新兴卫星图像公司Planet Labs正在以非传统方式（即制造多颗成本低廉，但可用多型运载火箭发射的微卫星）提供卫星图像服务，降低使用运载火箭的固有风险。2014年10月"安塔瑞斯"火箭发射失败，Planet Labs损失了26颗卫星，进一步验证了该公司的风险管理哲学[39]。若"安塔瑞斯"火箭成功发射，2014年Planet Labs在轨微卫星将达到93颗，而非67颗，但该公司现有卫星数目仍然超过该年发射及部署的地球观测卫星半数。

谷歌公司也对卫星图像服务产生了很大的兴趣，以5亿美元收购新兴图像公司——天体成像公司（Skybox Imaging）[40]。谷歌公司在其产品中使用了两颗Skybox卫星提供的精准实时图像，该技术也被用来抢险救灾。DigitalGlobe作为一家老牌卫星图像供应商，在美国商务部解除其产品图像分辨率限制后，竞争力更加强大。2015年起，该公司可提供最新在轨卫星获得的高清图像，其竞争对手不仅包括其他卫星图像服务商，还扩大至航空图像服务商[41]。

2.2.4 地理定位及导航

2014年，至少30亿部智能手机使用定位服务（LBS）及应用，使该类设备成为市场上最受热捧的PNT工具。欧洲全球卫星导航系统管理局（GSA）近期发布的市场评估报告显示，在总计36亿部PNT设备中，约6亿部非智能手机设备专业性较强，可提供测量、运输、农业及基础设施活动相关服务[42]。若没有85颗PNT卫星（含GPS及GLONASS等卫星星座）、星基增强系统（SBAS）（含美国广域增强系统和欧洲静地星导航重叠服务等）提供的数据，所有PNT设备定无用武之地。欧洲全球卫星导航系统管理局估计，PNT的核心收入将由2013年756亿美元增至2014年的913亿美元。

2014年新型移动设备销售量达30.8亿部，集成的微芯片作为其"电子大脑"，可接收GPS、GLONASS和SBAS无线电信号[43]。现有的平板电脑和智能手机可发送精度约为30厘米（1英尺）的位置信息[44]。虽然导航服务是PNT的主要功能，但授时服务也至关重要。时间不准或会导致手机无法与基站及其他网络对话，或导致手机移动支付交易难以准时进行。欧洲全球卫星导航系统管理局预计，集成PNT芯片的装置将刺激新型移动设备销售，预计2019年的销量将超过 70 亿部[45]，亚太地区将成为主要增长点[46]。

智能手机等装有 PNT 芯片组的个人移动装置，因用途大众化而有别于 PNT 专业设备。例如，智能手机一般同时安装多款使用 PNT 技术的应用软件，人们可在几秒内查找朋友聚集地，然后打开另一应用程序，使用其他司机提供的及时交通数据查找最佳路线，最后发动汽车，并选择另一应用程序向朋友发送预计到达时间。欧洲全球卫星导航系统管理局预计，2014 年此类位置服务应用下载量达 29 亿，2019 年将达 75 亿[47]。

欧洲全球卫星导航系统管理局的资料显示，汽车制造商也将在 PNT 服务市场分得一杯羹。新车上安装的车载系统（In-vehicle System，IVS），与集成 PNT 芯片组合共同负责车载导航、交通信息的更新及车速监测。2013 年安装车载系统的汽车数量超过个人导航装置数量，表明 PNT 从过去的售后附属物品转变为提升汽车竞争力的产品[48]。欧洲全球卫星导航系统管理局预计，PNT 技术连同网络通信将成为未来自动化汽车不可或缺的部分，新型汽车数量 10 年后将比 2013 年的 5000 万翻一番[49]，自动 PNT 应用和位置服务的总收入占 PNT 市场的 91%[50]。

2.3　政府航天产业预算

2014 年全球范围内的航天产业投资额增加 7%，规模达 791.7 亿美元，如图表 2－13 所示。由于各国财政年度并不统一以自然年划分，航天支出数额来自各国最新发布的预算。如图表 2－14 所示，前几年，部分国家削减了航天活动的投资。表中数字都使用本国货币，美国的截止日期为当年 6 月 30 日。

图表 2－13　2014 年全球主要国家政府航天预算

国家/机构	预算（10 亿美元）	来源	备注
美国	42.956	见图表 2－15	
欧洲航天局	5.615	欧洲航天局	2014 年欧洲航天局总预算
俄罗斯	4.880	俄罗斯大使馆	个人通讯
中国	4.282	航天基金会	预测
日本	3.042	JAXA 华盛顿办公室	日本 2014 年航天相关预算请求

（续表）

国家/机构	预 算 （10亿美元）	来 源	备 注
法国*	1.278	法国国家太空研究中心（CNES）	2014年国家预算
印度	1.205	印度空间研究组织（ISRO）	预算概览
德国*	0.617	德国联邦经济与能源部2014年预算	2014年国家预算
韩国	0.504	航天发展实施计划	2014年预算
加拿大*	0.433	加拿大航天局	2014—2015年主要估计
欧洲气象卫星应用组织*	0.251	欧洲航天产业协会	欧洲气象卫星应用组织预算
意大利*	0.220	意大利航天局（ASI）	2014年国家预算
欧盟*	0.175	欧洲航天产业协会、欧洲航天局	欧盟预算
巴西	0.153	巴西航天局	新闻报道
英国*	0.129	英国宇航署2014—2015年预算计划	2014—2015年分配方案
西班牙*	0.031	西班牙议会	2014年国家预算
以色列	0.026	以色列航天局（ISA）	预测
其他国家	0.530	见图表2-28	
非美国军事航天	12.842	航天基金会基于Euroconsult公司的数据预测	2014历年预测支出
合计	79.169		

*不含有关欧洲航天局的开支

注：所有美国以外国家的国防开支计入“非美国军事航天”。

图表 2－14　2012—2014 年部分国家/机构航天预算

国家/机构	币种	2012 年（10 亿）	2013 年（10 亿）	2014 年（10 亿）	2014 年较 2013 年的增幅
美国	美元	$47.041	$41.749	$42.956	2.9%
巴西	雷亚尔	R$0.369	R$0.350	R$0.336	－3.8%
加拿大*	加元	C$0.320	C$0.414	C$0.462	11.8%
欧洲航天局	欧元	€4.020	€4.282	€4.102	－4.2%
法国*	欧元	€1.141	€1.122	€1.289	5.5%
德国*	欧元	€0.586	€0.439	€0.451	2.7%
印度	卢比	₹48.947	₹67.920	₹72.380	6.6%
以色列	谢克尔	₪0.050	₪0.180	₪0.090	－50.0%
意大利*	欧元	€0.251	€0.236	€0.161	－31.8%
日本	日元	¥298.000	¥322.100	¥382.700	18.8%
俄罗斯	卢布	₽140.000	₽165.223	₽165.814	0.4%
韩国	韩元	₩295.708	₩392.356	₩509.500	29.9%
西班牙*	欧元	€0.032	€0.021	€0.023	6.5%
英国*	英镑	£0.029	£0.057	£0.075	31.4%

*仅指国家预算（不含欧洲航天局预算）

2.3.1　美国

2014 年，美国航天预算远远高于任何其他国家，429.56 亿美元的预算下拨至 11 个机构和部门，其中国防部和美国国家航空航天局共获得预算的 93%，其下拨情况表明了美国政府优先考虑的政策和目标。2014 年，美国国家航空航天局预算进一步增加，国防部预算比美国国家航空航天局高 27%，美国 2014 年航天预算占同年国家预算总额的 1.2%[51]，如图表 2－15 所示。

图表2－15　2014年美国政府机构航天预算

机　构	预算（10亿美元）	来　源
国防部（DoD）	22.483	航天基金会估算
美国国家航空航天局（NASA）	17.647	2016财年总统预算请求概述
国家海洋和大气管理局（NOAA）	2.087	NOAA蓝皮书
国家科学基金会（NSF）	0.461	2014年总统航空航天报告
美国地质勘探局（USGS）	0.128	USGS绿皮书
内务部（DOI）	0.082	2014年总统航空航天报告
能源部（DOE）	0.020	DOE预算
美国农业部（USDA）	0.019	2014年总统航空航天报告
联邦航空管理局（FAA）	0.016	交通部
联邦通信委员会（FCC）	0.010	航天基金会估算
国务院	0.003	空间和先进技术办公室
合　计	42.956	

2.3.1.1　美国民用航天预算

民用部门获得美国航天总预算额的48%，2014年美国国家航空航天局获176.5亿美元，增长4.6%，占民用支出的86%[52]；国家海洋和大气管理局以21亿美元的预算名列第二。

2014财年美国国家航空航天局预算用于多个领域，如图表2－16所示。其中获得拨款最多的是科学、探索及太空操作领域。科学类项目获拨款最多，占51.5亿美元预算的29%，分别用于地球科学、行星科学、天体物理学以及太阳物理学等多个科学研究与分析。其中地球科学获得18.3亿美元预算，用于执行多项地球数据搜集/研究任务和星际探测，如2014年发射的全球降水量测量卫星（Global Precipitation Measurement satellite）和“轨道碳观测者2号”（Orbiting Carbon Observatory-2）卫星。行星科学次之，获13.5亿美元拨款，用于各项任务运行，如近期成功完成火星探测器探索任务的“马文号”和未来小行星探测的OSIRIS-Rex项目。詹姆斯·韦伯太空望远镜属于科学预算类，获6.582亿美元拨款，用于发射前的建造和测试工作。

图表 2－16　2016 财年 NASA 预算分配情况（单位：百万美元）

预算方向	2011 财年（实际）	2012 财年（实际*）	2013 财年（实际）	2014 财年（实际）	2015 财年（已执行†）	2016 财年（申请）	2017 财年（预计）
科学	**4919.7**	**5073.7**	**4781.6**	**5148.2**	**5244.7**	**5288.6**	**5367.9**
地球科学	1721.9	1765.7	7659.2	1824.9	未列明	1947.3	1966.7
行星科学	1450.8	1501.4	1274.6	1345.7	未列明	1361.2	1420.2
天体物理学	631.1	648.4	617.0	678.3	未列明	709.1	726.5
詹姆斯·韦伯太空望远镜	476.8	518.6	627.6	658.2	645.4	620.0	569.4
太阳物理学	639.2	644.9	603.2	641.0	未列明	651.0	685.2
航空学	**533.5**	**569.4**	**529.5**	**566.0**	**651.0**	**571.4**	**580.0**
航天技术	**456.3**	**573.7**	**614.5**	**576.0**	**596.0**	**724.8**	**735.7**
太空探索	**3821.2**	**3707.3**	**3705.5**	**4113.2**	**4356.7**	**4505.9**	**4482.2**
探索系统开发	2982.1	3002.0	2883.8	3115.2	3245.3	2862.9	2895.7
商业航天飞行	606.8	406.0	525.0	696.0	805.0	1243.8	1184.8
探索研发	232.3	303.0	296.7	302.0	306.4	399.2	401.7
太空操作	**5146.3**	**5146.3**	**4184.0**	**3724.9**	**3827.8**	**4003.7**	**4191.2**
航天飞机	1592.9	599.3	38.3	0.0	0.0	0.0	0.0
国际空间站	2713.6	2789.9	2775.9	2964.1	未列明	3105.6	3273.9
航天与太空支持	839.8	805.2	910.2	809.9	未列明	898.1	917.3
教育	**145.4**	**136.1**	**116.3**	**116.6**	**119.0**	**88.9**	**90.2**
安全及任务服务/跨机构支持	**2956.4**	**2993.9**	**2711.0**	**2793.0**	**2758.9**	**2843.1**	**2885.7**
中心管理及运营	2189.0	2204.1	1991.6	2041.5	未列明	2075.2	2105.0
机构管理及运营	767.4	789.9	719.4	751.5	未列明	767.9	780.7
建设与环境改造	**432.9**	**494.5**	**646.6**	**522.0**	**419.1**	**465.3**	**436.1**
设备改造	373.3	455.0	589.0	455.9	未列明	374.8	344.3
环境改造	59.6	45.0	57.0	66.1	未列明	90.5	91.8
监察长	**36.3**	**38.3**	**35.3**	**37.5**	**37.0**	**37.4**	**38.0**
NASA 合计	**18448.0**	**17770.0**	**16865.2**	**17646.5**	**18010.2**	**18529.1**	**18807.0**
按年变化		-3.68%	-5.09%	4.63%	2.06%	2.88%	1.50%

* 2012 财年总数含未执行情况。

† 2015 财年所列数目会根据 2015 财年的实际执行情况发生变动。表中为 2015 财年 NASA 计划资金情况。

国际空间站项目获得29.6亿美元拨款，占2014财年37.7亿美元预算的一半以上，其中3.307亿美元用于国际空间站的研究活动，14亿美元用于空间站的运输，其余12.4亿美元用于维持空间站的运营。

美国国家航空航天局的太空发射系统（SLS）项目为正在研发中的重型运载火箭，属于探索类，2014财年获得19.2亿美元预算。2014年12月，SLS进行测试飞行，成功将“猎户座”深空探索飞船送入轨道。“猎户座”多用途载人飞船项目于2014年获近12亿美元拨款，用于研发及建造“猎户座”飞船。两个项目占据探索预算的75%以上。

美国国家海洋和大气管理局则专注于预测天气、监测地球气候变化。2014年，该局获近21亿美元航天预算，较上年增加12%，占美国民用航天预算的10%。国家环境卫星、数据及信息服务（NESDIS）属于国家海洋和大气管理局业务范畴，负责为相关航天系统的建设和运营筹集资金，并向其提供预测天气、监测气候及收集环境数据。2014年，该项目运营卫星22颗，含2014年4月国防部发射的DMSPF-19卫星。美国国家海洋和大气管理局还尝试定期更新卫星能力，如耗资近一半预算，约9.55亿美元发展GOES-R系列卫星，另将预算的39%资助另一项正在发展中的JPSS卫星项目等。

2.3.1.2 美国国家安全航天预算

国防部获得224.83亿美元的航天预算，占美国航天预算总额的52%，涵盖的项目受军队和两大组织（美国国家侦察局及国家地理空间情报局）监督。由于美国国家侦察局和国家地理空间情报局的特殊性质，国防部只给出项目预算，但不披露项目详细列表，故难以了解各自获得国防部预算的具体份额，如图表2-17所示。2014财年，国防部投资的前五大非秘密军事航天项目分别为：改进型一次性运载火箭（EELV）、全球定位系统（GPS）、天基红外系统（SBIRS）、先进极高频（AEHF）及太空篱笆系统。

改进型一次性运载火箭（EELV）项目展示了长久以来国防部如何发射国家安全卫星。不考虑用于秘密发射任务的资金，该项目2014财年获预算13.92亿美元[53]。EELV项目始于1994年，预期将节省25%的发射成本[54]，但项目的单位成本也由1998年的1.01亿美元飙升至2014年的4.205亿美元，增长316%[55]。美国政府估计，2030年前EELV项目的总成本大约为700亿美元，成本的飙升使美国国家航空航天局将目光从EELV项目转至商业轨道运输服务项目[56]。

图表 2－17　2011—2015 财年美国主要国家安全航天项目的资金（单位：百万美元）

系统项目名称	用途	军种	采购与研究、设计、测试 & 评估（RDT&E）的支出				
			2011 财年（实际）	2012 财年（实际）	2013 财年（实际）	2014 财年（实际）	2015 财年（预计）
先进极高频系统	通信	空军	641.9	709.3	688.2	594.0	613.3
移动用户目标系统	通信	海军	894.5	475.4	162.6	52.8	221.0
极地军事卫星通信卫星控制网	通信	空军	138.1	103.1	77.2	104.6	103.6
卫星控制网	通信	空军	85.7	78.4	75.1	35.7	75.4
宽带全球卫星通信系统	通信	空军	634.2	804.9	47.2	46.5	70.4
星载设备	通信	空军	14.8	21.6	10.5	5.2	16.2
改进型一次性运载火箭	发射	空军	1198.3	1695.8	1463.9	1392.3	1381.0
航天运输系统	发射	空军	112.5	134.2	105.9	12.3	83.2
全球定位系统	导航	空军	881.4	1543.4	1236.0	1207.4	1015.6
国防航天侦察项目	侦察	空军	54.4	180.4	35.7	150.4	84.0
毛伊岛太空监视系统	监视	空军	14.8	13.3	26.2	26.3	14.0
核（爆）探测系统	监视	空军	77.2	86.9	63.3	42.5	25.1
天基红外系统	监视	空军	1487.4	996.2	918.9	847.0	796.5
太空篱笆	监视	空军	143.9	178.2	204.1	0.0	214.1
国防气象卫星计划	天气	空军	86.4	100.0	88.6	80.5	87.0
美国军用气象卫星系统－国家极轨环境业务卫星	天气	空军	173.0	43.0	0.0	0.0	0.0

2014 财年的资料来源为美国国防部预算文件，其他数据来源于 Aeroweb 网站。

美国国防部承诺将继续使用 EELV 发射高价值卫星，从而维持其进入太空的能力。自 2005 年起，联合发射联盟便成为 EELV 的唯一供应商[57]。2013 年 12 月，国防部修订与联合发射联盟签订的 EELV 发射合约，承诺在未来五年内购买 35 次 ULA 运载火箭的发射使用权，但同时也会向满足 EELV 需求的联合发射联盟的竞争对手开放 14 个潜在发射机会[58]。2014 年 3 月，美国空军宣布，由于卫星需求减少，将竞争性发射机会由 14 个削减至 7 个，但卫星单个重量增加。由于联合发射联盟的竞争对手目前拥有的航天运载火箭运载能力不足，美国空军只能与该联盟订立长期发射合约[59]。

SpaceX 公司是经 EELV 认证的潜在发射竞争对手之一。该公司于 2014 年 4 月起诉美国空军，试图阻止 ULA 和美国空军签订合约，并要求竞争性地开放所有 EELV 发射任务[60]。2014 年 7 月，美国空军要求 SpaceX 的潜在竞争对手提交 2016 年发射 EELV 任务的计划书[61]。2015 年初，美国空军同意扩大 EELV 项目竞争机会，SpaceX 公司撤诉[62]。

2014 财年，GPS 项目获得 12.07 亿美元拨款，较上年减少 2.4%。其中 4.5 亿美元资金用来购买两颗 GPS IIIA 卫星，3.73 亿美元用于继续研发 GPS 地面控制系统，2.01 亿美元用于 GPS 的研究、发展、测试及评估（RDT&E）活动[63]。研究、发展、测试及评估活动资金中，约 4250 万美元授予美国空军核爆探测系统（SPACE），用于研究、集成及操作 GPS 卫星平台的核爆探测有效载荷[64]。2014 年 10 月的评估决定将 GPS III 卫星的发射延迟至 2017 年，而延迟升级 GPS III 卫星的原因之一就是 GPS 星座目前运作状态良好[65]。这些资金还用于发展把 GPS 卫星天线融入遇险报警卫星系统。该系统是现有 COSPAS-SARSAT 国际系统的兼容升级版本，可用于潜在或实际险境中搜寻飞船、飞机、轮船、汽车及实施个人搜救。

天基红外系统项目于 2014 年获得 8.47 亿美元预算，较上年减少 8.4%，导弹预警卫星计划初步完成星座组网目标。2014 年，该项目新增两颗地球同步导弹预警卫星[66]，使美国空军运营的 SBIRS 卫星达到了 4 颗，其中一颗高椭圆轨道 3 号卫星由秘密卫星搭载入轨，彰显了该项目能力的提升[67]。目前，预期总项目成本将达到 189 亿美元，较最初估计的 52 亿美元项目成本攀升数倍[68]。虽然天基红外系统拟替换国防支持计划系统，但目前仍处于扩大星座规模阶段。

2014 年，先进极高频系统（AEHF）预算 5.95 亿美元，同比减少 16%，主要用于购买两颗卫星及开展 RDT&E 活动。卫星通信计划的 RDT&E 目标之一是研究如何降低整合搭载通信有效载荷的风险[69]。AEHF 项目初步预期花费总成本 67 亿美元，但近期的项目总成本已攀升两倍以上，达到 146 亿美元。目前该项目仍在继续建设，并最终将替换军事星卫星通信系统[70]。

太空篱笆是美国运营的用于探测太空物体的地面雷达网络。2014 年 6 月，美国空军向洛克希德·马丁（Lockheed Martin）公司授出一份高达 9.15 亿美元的合约，用于设计、建造及部署新的太空态势感知雷达系统，借以替换于 2013 年 9 月关闭的旧太空篱笆系统[71]。该公司转而向通用动力公司授出一份合约，要求设计及建造新系统的地面设施[72]。太空篱笆是目前唯一全球部署的，用于监视太空物体的传感器网络设施[80]。

2.3.2 巴西

巴西发展迅速的民用航天项目大多由巴西航天局负责执行，该国2014年航天预算为3亿雷亚尔（约合1.36亿美元）。巴西科技与创新部（MCTI）也承担部分航天预算，2014年为3634万雷亚尔（约合1649万美元）[73]。总之，巴西的航天预算总额为3.3634亿雷亚尔（约合1.526亿美元）。巴西国家太空研究所主要负责研制地球及大气观察卫星及其应用[74]。巴西目前正在实施2012—2021年国家太空活动计划，计划预算91亿雷亚尔（约合41亿美元），其中47%用于执行卫星任务，26%用于航天基础设施、17%用于进出太空，10%用于特别项目[75]。执行卫星任务的主体为亚马逊系列光学地球观测者卫星，首颗探测卫星Amazonia-1将于2016年发射；另一系列为Sabia-Mar系列卫星，是与阿根廷共同开发的海洋观察系统，首枚卫星计划于2017年发射。巴西最大的航天基建项目为巴西军方建造的阿尔坎塔拉发射基地。10余年来，巴西与乌克兰协商在阿尔坎塔拉发射基地利用乌克兰的“旋风4号”运载火箭，将卫星送至中低地球轨道。但在2014年由于巴西经济下滑，加之乌克兰国内的政治局势紧张，项目进展受挫，巴西也于2015年4月终止了与乌克兰的合作[76]。但是，巴西仍与德国航天中心就固态燃料微卫星运载火箭（VLM-1）和L-75液态燃料引擎开展合作[77]。

2.3.3 加拿大

加拿大航天局是唯一一家拥有航天预算限制线的民用航天组织，该国2014财年预算周期从2014年4月1日至2015年3月31日止，用于民用航天活动的预算达4.6245亿加元（约合4.3333亿美元）。较2013财年的4.1369亿加元（约合3.9326亿美元）增长11.8%[78]，具体开支情况如图表2－18所示。其他开展航天相关活动的民用机构还包括外务部（向联合国和平利用外层空间委员会提供来自加拿大的数据）、加拿大交通部（负责发射场及商业航天产业），以及多家权益持有人，如加拿大自然资源部、加拿大环境部及加拿大农业部等[79]。

图表 2－18　根据项目活动划分的加拿大航天局支出明细（单位：百万加元）

	实际支出		预期支出	计划支出*		
项目活动	2011 财年支出	2012 财年支出	2013 财年支出	2014 财年支出	2015 财年支出	2016 财年支出
航天数据、信息及服务	137.3	130.8	210.8	256.9	192.3	151.3
航天探索	146.3	87.5	98.4	96.6	109.8	99.6
加拿大未来航天能力	69.6	52.5	55.2	62.8	64.6	66.2
内部服务	56.0	49.4	49.3	46.2	43.6	43.3
合计	409.1	320.2	413.7	462.4	410.3	360.3
按年变化率		－21.73%	29.18%	11.78%	－11.28%	－12.71%

* 计划支出指 2014 年 2 月 1 日前国库委员会批准的数额。

资料来源：加拿大航天局 2014—2015 年计划及优先性报告。

通常，加拿大航天局会有 3 亿加元（约合 2.81 亿美元）稳定的基本预算，而具体项目也会定期获得上一年度滚动的资金。2014 财年预算中，加拿大航天局从项目资金储备中额外获得 2 亿加元（约合 1.87 亿美元），用于 RADARSAT 星座任务以及相关的地面基础建设。该星座任务由三颗遥感卫星组网，最后一颗计划将于 2018 年发射[80]。2011 年，加拿大航天局在总理发布赤字行动计划，宣布在三年期内削减 23% 的政府相关分配后，收到 1 亿加元（约合 9400 万美元）的额外资金。作为资深会员，加拿大航天局 2014 年总预算中有 2791 万加元（约合 2615 万美元）交纳给了欧洲航天局。

2.3.4　中国

通过中国与其他国家进行比较，得出部分国家航天支出占国内生产总值百分比，如图表 2－19 所示，平均而言，主要航天国家（美国和俄罗斯除外，因为其航天支出大幅高于其他国家）在民用航天活动支出的费用约占其国内生产总值（GDP）的 0.041%。以中国 2014 年的 GDP 人民币 64.453 万亿元为例，得出中国 2014 年的航天支出大约为人民币 265.64 亿元（约合 42.82 亿美元）[81]。

图表 2-19　部分国家航天支出占国内生产总值百分比

国别	2014 年 GDP（以各国货币列示）	2014 年航天产业支出	航天产业占 GDP 百分比
巴西	R$5.123T	R$0.336B	0.007%
加拿大*	C$1.962T	C$0.462B	0.024%
法国*	€2.143T	€2.153B	0.100%
德国*	€2.821T	€1.258B	0.045%
印度	₹128.727T	₹72.380B	0.056%
意大利*	€1.572T	€0.561B	0.036%
日本	¥488.610T	¥382.700B	0.078%
韩国	₩1502.857T	₩509.500B	0.034%
西班牙*	€1.034T	€0.162B	0.016%
英国*	£1.700T	£0.291B	0.017%
	航天支出占 GDP 平均百分比		0.041%

*含欧洲航天局拨款。

资料来源：GDP 数据来自截至 2014 年 10 月的世界经济展望数据库（World Economic Outlook Database）。航天产业支出数据则来自本章节引用之处。

据估算，载人航天飞行和机器人探月项目为中国最大的民用航天活动支出[82]。中国的“嫦娥三号”卫星于 2013 年底成功登陆月球表面，但“玉兔号”月球车在登月一个月后遭遇机械故障停止活动。尽管困难重重，中国仍选择跨过“嫦娥四号”，直接进行投入更大的“嫦娥五号”带回月球样本的任务，预计将于 2017 或 2018 年发射。2014 年 10 月，中国进行了一项关键技术测试，即将月球轨道发射舱段用于返回样本，以确保样本具备安全返回速度。中国虽然也在计划启动火星探测任务，但由于涉及轨道器和着陆器的计划仍待批准，或许将错过 2020 年的最佳发射窗口[83]。

中国另一项重大航天投资项目为载人航天飞行，目前主要指多步骤的空间站项目。“天宫一号”是中国目前在轨的空间实验室，已完成两项成员访问任务。下一阶段，即“天宫二号”空间实验室计划于 2016 年发射，同时完成目前正在发展中的“天舟号”货运飞船的首秀，随后“神舟十一号”将执行载人任务[84]。* 中国首个空间站计划容纳三名宇航员，分核心舱“天和”和“巡天”“问天”两个实验舱共三个舱段。中国表示，欢迎他国太空舱、补给船及宇航员访问本国空间站，预期该空间站将在2022年前后开始运行[85]。

2.3.5 欧洲

欧洲太空计划和航天活动的政府支出主要有四个相对独立的来源渠道：受欧盟指示并由欧盟委员会执行的活动，多由欧洲航天局作为采购和发展机构予以实施；欧洲航天局成员国资助的欧洲航天局进行的活动；欧洲气象卫星应用组织（EUMETSAT）的活动；欧洲国家进行的独立于欧盟、欧洲航天局及欧洲气象卫星应用组织外的活动。除这些民用机构以外，欧洲防务局（EDA）也购买卫星通信带宽和地球观测数据，开展部分航天活动。除欧洲防务局以外，还有若干欧洲国家以国家名义资助军事航天活动。

2.3.5.1 欧盟委员会

近年来，欧洲民用航天活动的公众投资占比日益增大，重点发展的两大项目——“伽利略”导航系统和全球环境与安全监测系统（即“哥白尼”计划，前称GMES系统），都由欧盟的执行机构欧盟委员会拨款，并得到主旨为培育航天领域创新和技术发展的“地平线2020”计划的支持。

2002、2008及2013年，欧洲理事会三次通过决议，同意使用“地平线2020”计划预算资助“伽利略”项目市场及服务发展，推动项目进展及相关活动[86]。2014—2020年，“伽利略”系统将最多获得77亿欧元发展及实施资金（不含“地平线2020”计划为发展第二代“伽利略”系统以及市场/服务发展活动所拨付资金）[87]。欧盟委员会预计欧盟经济及民众远期将从项目获利约1300亿欧元[88]，如图表2-20所示（见彩图）。

“哥白尼”计划（Global Monitoring for Environment and Security）启动于1998年，前身为欧洲航天局响应巴韦诺（Baveno）宣言的精神而发展的全球环境与安全监视计划。巴韦诺宣言为相关机构为发展欧洲航天活动而作出的共同声明，宣言号召制订欧洲航天长期规划，并发展基于航天的环境监测服务，利用并进一步发展欧洲独立的技术和能力。2005年，欧盟作出战略性选择，与欧洲航天局共同研发独立的欧洲地球观测系统，为欧盟提供环境与安全领域

* “天宫二号”空间实验室和“神舟十一号”飞船已分别于2016年9月15日和10月17日成功发射，2016年10月19日，二者成功实现自动交会对接。（译者注）

相关服务。2014—2020 年间“哥白尼”计划的预算为 43 亿欧元[89]。

出于技术层面考虑，欧盟的全球导航和环境监测项目中与航天相关的部分交予欧洲航天局执行，由于航天部分占用了该项目大部分成本，因此欧盟仅管理该项目中小部分，管理的大部分资金来源于“地平线 2020”计划项目。该项目航天领域的资金主要用于“行业领导及竞争框架”，预算为 180 亿欧元，旨在“业务驱动研发与创新，打造行业技术领导力，为信息通信技术、纳米技术、先进材料、生物技术、先进制造和加工、空间技术提供专业支持”[90]。其中占预算总额 10%，约 17 亿欧元专门用于实现行业领导力。

总之，2014、2015 年“地平线 2020”计划中航天部分可用资金为 3.427 亿欧元[91]，其中 33% 分配给欧洲航天局，并在图表 2 - 21（见彩图）中列示为“其他活动（计划外）”[92]。

2.3.5.2　欧洲航天局

2014 年欧洲航天局预算为 41.02 亿欧元（约合 56.2 亿美元），较 2013 年减少 4.2%（2013 年为 42.82 亿欧元，约合 55.7 亿美元）。近几年，欧洲航天局投入预算最多的三个项目分别为地球观测项目（22%）、“阿丽亚娜”（Ariane）和“织女星”（Vega）火箭项目（17%）以及卫星导航（15%）。欧洲航天局预算缩减的主要原因是运载火箭计划的预算投入减少（“阿丽亚娜 5 号”相关活动结束部分导致）以及地球探测预算减少（因欧盟预算缩减导致）。即使“伽利略”项目预算增加，也无法完全抵销预算总体减少的趋势。

2014 年，欧洲航天局排名前五的出资国合计向其提供资金 22.8 亿欧元（约合 31.2 亿美元），超过其预算的 55%，欧洲航天局成员国具体出资情况如图表 2 - 22 所示（见彩图）。欧洲航天局成员国以两种方式出资。一种为强制性出资，是指全体成员根据国家收入必须提供的资金。总成员国出资额的 27% 仅占欧洲航天局资金来源的 20%。该笔资金主要用于科学计划投资，分享技术发展和进行一般研究。另一种为选择性出资，由成员国以非强制和第三方出资的方式提供。除成员国出资以外，欧洲航天局还依据合约通过管理欧盟和欧洲气象卫星应用组织收取佣金。2014 年，欧洲航天局将第三方出资的 9.73 亿欧元（约合 13.3 亿美元）纳入其部门预算中。

就卫星导航计划而言，93% 来自欧盟的投资，各成员国分摊的份额极少。观测项目则拥有三种资金来源：仅由成员国出资、欧洲航天局主持的项目，如地球观测包络计划和 EarthWatch 项目，占比 27%；欧盟和欧洲航天局成员国共同出资的“哥白尼”计划，占比 37%；欧洲气象卫星应用组织和欧洲航天局成员国共同出资的 Meteosat 项目，包含 Metop 气象业务、MSG 第二代气象卫星和MTG第三代气象卫星系统，占比36%。

2.3.5.3 欧洲气象卫星应用组织

欧洲气象卫星应用组织负责运营欧洲的气象卫星，2013年的预算（可公开查阅到相关数据的最近年份）为2.9111亿欧元（约合3.7873亿美元）[93]。自成立以来，该组织便与欧洲航天局保持紧密联系，由欧洲航天局负责利欧洲气象卫星应用组织和欧洲航天局成员国的资金研究为其制造卫星。目前，欧洲气象卫星应用组织负责运营已发射卫星，欧洲航天局则研发新系统。因此，欧洲航天局也接受来自欧洲气象卫星应用组织的资金，2014年收到资助1.08亿欧元（约合1.48亿美元）。

2.3.5.4 法国

作为法国国家航天机构，法国国家太空研究中心（CNES）2014年预算为21.5亿欧元（约合30亿美元），较2013年的20.4亿欧元（约合26.5亿美元）增长5%。预算资金分成两部分，分别用于资助国内项目和欧洲航天局。法国国家太空研究中心为国内项目投入12.9亿欧元（约合17.7亿美元），为欧洲航天局投入8.6363亿欧元（约合11.8亿美元）[94]，各领域具体支出情况如图表2－23所示（见彩图）。由于十年前，法国欠欧洲航天局一笔债务，因此在资助欧洲航天局的同时，也须偿还债务。尽管欧洲航天局要求法国出资7.546亿欧元（约合10.3亿美元），但法国实际支付的数目更高[95]。

法国向欧洲航天局投资3.8047亿欧元（约合5.2082亿美元）发展运载火箭计划，使该计划特别是“阿丽亚娜”系列火箭成为法国投资最大的航天活动。该系列火箭不仅使法国国家太空研究中心成为获益最大的政府部门，也是法国国家太空研究中心投资额第二的国内项目，达3.3642亿欧元，约合4.6052亿美元[96]。尽管法国于2014年首次向“阿丽亚娜”系列运载火箭提供的资金不足该系列总开发成本的50%，但在2014年12月召开的欧洲航天局部长级会议上，法国承诺将承担预计2020年首次发射的新一代运载火箭“阿丽亚娜6号”52%的资金[97]。法国认为，要实现该型号新式运载火箭的设计目标，项目雇用人员数量将较上一代型号减少50%，而法国提供了欧洲航天市场43%的雇员，是最大的人力资源国[98]。2014年，两家法国宇航公司——空客太空防御（Airbus Defence and Space）公司和赛风集团（Safran）合资成立了空客－赛风公司（Airbus Safran Launchers），该公司购买了“阿丽亚娜号”系列运载火箭总承包商阿里安太空公司（Arianespace）41%的股份。该公司还计划购买法国政府拥有的34%的阿里安太空公司股份。一旦收购成功，该公司将控制“阿丽亚娜6号”火箭的设计、未来制造、运营和销售，成为总承包商，法国国家太空研究中心和欧洲航天局将作为项目管理者[99]。

法属圭亚那库鲁发射场，“阿丽亚娜5号”火箭将携带ESA最新的“乔治·勒梅特”自动转移飞行器升空，向国际空间站进行补给。(ESA供图)

根据年初法国国防部与美国战略司令部签订的协议，双方将加速共享目标大小、位置及轨道参数等太空态势感知数据[100]。2014年，法国与国家安全相关的航天预算为3.5557亿欧元（约合4.8674亿美元）[101]。法国军事航天年平均支出4.50亿欧元（约合6.16亿美元），但实际支出自2011年以来却逐步减少。2014年，法国国防部武器装备总局（DGA）授予空客太空防御公司3.25亿欧元（约合4.45亿美元）的合约，研制“空间电磁信息能力”（CERES）电子情报卫星系统。该系统由三颗卫星组成，预期将耗资4.60亿欧元（约合6.297亿美元），卫星将在2020年被送入近地轨道。CERES项目资金大部分来自出售不动产和700兆赫无线电频谱许可证等一次性收入。此外，法国还将继续建设用于监视、侦察及观测的下一代光学红外侦察卫星星座——多国天基成像系统（MUSIS）[102]。空客太空防御公司和泰雷兹阿莱尼亚宇航公司（Thales Alenia Space）获得7.95亿欧元（约合10.9亿美元）的卫星制造合约，空客公司2014年再次获得3亿欧元（约合4.107亿美元）的地面基础设施建造合约，并负责今后12年的维护工作[103]。多国天基成像系统的前两颗卫星预期将于2015年发射。2015年，法国国防部武器装备总局还会选择一家公司制造法国下一代军事通信卫星Comsat NG，估计项目的总成本为8亿欧元（约合11亿美元），预计将在2021年发射两颗卫星[104]。

2.3.5.5 德国

德国航空航天中心（DLR）作为德国国家级航天机构，掌管德国的民用航天项目，并在航空、能源及交通等核心区域开展研究。2014年，德国航空航天中心的国家航天预算为2.72亿欧元（约合3.723亿美元），研究及科技预算为1.79亿欧元（约合2.444亿美元）。德国2014年民用航天预算总额（含其向欧洲航天局提供的资金）达12.6亿欧元（约合17.2亿美元），较2013年的12.2亿欧元（约合15.9亿美元）民用航天预算增长3.3%[105]。

截至2014年12月召开的欧洲航天局成员国政府会议，德国成为欧洲航天局第二大出资国，占欧洲航天局总预算的25%，与法国不相上下[106]。德国2014年向欧洲航天局出资8.07亿欧元（约合11亿美元），较2013年的7.83亿欧元（约合10.2亿美元）增长3%[107]。2014年，欧洲航天局同意发展德国航空航天中心提议的名为“柏拉图”（PLATO）的天基系外行星望远镜，虽然2024年前不会发射，德国航空航天中心仍在拨款发展有效载荷和位于德国马克斯－普朗克太阳系研究所的数据中心[108]。德国出资25%，作为重要参与者参与了欧洲的“蜂群”（SWARM）项目。2013年11月“蜂群”项目发射的一对卫星正在对地球磁场进行高精度测量，预期寿命为四年[109]。

欧洲航天局研发的火星气体轨道探测器（ExoMars Gas Orbiter）正在真空室内进行测试。该卫星为ExoMars火星探测任务发射的首颗卫星，将于2016年到达火星搜寻甲烷和其他微量气体。（ESA供图）

德国是欧洲航天局成员国中向国际空间站出资最多的国家，出资比例超过40%。2014年5月，德国作为出资最多的国家，通过蓝点任务向空间站运送了第三位宇航员。亚历山大·格斯特从2014年5月起开始享受为期165天的太空生活，并执行4月份通过“龙”飞船搭载的2个名为Cellbox的德国生物试验任务。在轨期间，格斯特进行了包括 Cellbox、天体生物和放射生物试验、航天医学研究以及材料科学测试在内的 100 余次试验[110]，并顺利开展了欧洲航天局计划的几乎所有 40 个试验。格斯特的另一项创举是于 2014 年 8 月监督了欧洲 ATV 5 号货运飞船的自动对接全过程，为此项创世纪的欧洲航天技术画上完美句号。空客太空防御德国不莱梅分公司将基于该技术，发展欧洲模块化服务（European Service Module），为美国国家航空航天局“猎户座”飞船上的宇航员提供推力、机动能力、氧气和水[111]。

2.3.5.6　意大利

意大利是欧洲第三大航天预算大国。意大利航天局（ASI）监管意大利民用航天项目，2014 年预算为 5.61 亿欧元（约合 7.68 亿美元）。预算分为三部分：5.03 亿欧元（约合 6.885 亿美元）投向研究与教育部；2700 万欧元（约合 3700 万美元）用于计划 2018 年完成的意大利“地中海盆地对地观测小卫星星座”（COSMO-SkyMed）计划；3100 万欧元（约合 4240 万美元）用于由政府发布经研究由教育部相关机构审核的特殊项目[112]。根据意大利航天局局长罗伯托·巴蒂斯通（在前局长恩里科·索萨杰塞因被指控贪污航天局合约金而被迫辞任后于 2014 年 5 月上任）提供的资料，意大利航天局 2014 年获得的 5.03 亿欧元仅能维持现有项目，其中 1.03 亿欧元（约合 1.41 亿美元）用于国家项目[113]。在一项为期六年（2015—2020 年）的计划后，预期意大利航天局将于 2015 年、2016 年、2017 至 2020 年分别获得 3000 万欧元、6000 万欧元和 1.70 亿欧元的额外资金[114]。

上述资金用于资助意大利航天局的多项优先项目。其中 COSMO-SkyMed 为目前优先级最高的项目，规划的两颗地球观测卫星计划分别于 2017 和 2018 年发射。该项目的计划资金为 5 亿欧元（约合 6.845 亿美元），在获得 1.5 亿欧元（约合 2.053 亿美元）资金后，为确保第二代卫星系统继续工作，该项目于 2014 年 8 月又获得一笔 6660 万欧元（约合 9120 万美元）的追加投资[115]。意大利航天局的另一项国家项目为用于发展小型高技术卫星的科技发展战略计划[116]。

欧洲航天局官方文件显示，意大利为欧洲航天局第三大出资国，整体出资额占比 13%[117]。2014 年，意大利出资 4 亿欧元（约合 5.476 亿美元），2015—2016 年将增至 5.2 亿欧元（约合 7.12 亿美元），而 2020 年又将减少至 1.2 亿欧元（约合 1.643 亿美元）[118]。意大利着重考虑的欧洲航天局项目，包括国际空间站、ExoMars 火星探测和“织女星号”（Vega）火箭等。意大利在国际空间站项目中的平均出资占欧洲的 19%，2014 年 11 月意大利宇航员萨曼莎·克里斯托弗雷蒂（Samantha Cristoforetti）抵达国际空间站，并在空间站生活了5个月[119]。意大利带领欧洲各国发展火星探测任务，拟于2016和2018年向火星发送探测器。“织女星号”小型卫星火箭由意大利ELVSpA公司（意大利航天局和AVIO通用航空直升机制造公司分别持有该公司30%和70%的股份）制造，该公司也是“织女星号”火箭P80发动机的总承包商[120]，因此意大利在该项目中持有最多股份[121]。欧洲航天局在2014年召开的一次部长级会议上，决定分摊“阿丽亚娜6号”火箭与新“织女星C”（C表示综合）火箭的研发成本[122]。该“织女星”火箭将首次使用新的P120发动机，发动机的一条生产线将落户意大利。此款发动机将作为“阿丽亚娜6号”火箭两个型号的捆绑助推器[123]。被巴蒂斯通局长视为重点的欧洲航天局项目还有“哥白尼”地球观测系统、“伽利略”卫星导航系统和“罗塞塔号”彗星探测器等[124]。

2.3.5.7 西班牙

国家航空航天技术研究所（INTA）是西班牙负责航空航天活动的主要组织，2014年获得西班牙国家预算拨款2259.7万欧元（约合3093万美元），较2013年的2121.3万欧元（2760万美元）增长6.1%[125]。国家航空航天技术研究所同时也通过自身商业活动盈利，其总收入超过1亿欧元[126]。西班牙并不通过国家航空航天技术研究所向欧洲航天局投资，而是通过工业技术发展中心（CDTI）拨款。2014年，西班牙向欧洲航天局出资1.392亿欧元（约合1.9055亿美元），较2013年的1.496亿欧元（约合1.9462亿美元）减少6.9%[127]。2014年，西班牙还通过国家航空航天技术研究所就“伽利略”卫星导航系统向欧洲航天局拨付309万欧元（约合423万美元）。综上，西班牙向欧洲航天局拨付的资金达到1.618亿欧元（约合2.215亿美元）。2013年，国家航空航天技术研究所预算中，26.7万欧元（约合36.6万美元）、60.2万欧元（约合78.3万美元）和647万欧元（约合886万美元）分别用于小型卫星发展项目、INTASAR雷达地球观测项目和光学地球观测项目[128]。

2.3.5.8 英国

根据规划，英国航天局（UKSA）2014年获得预算2.915亿英镑（约合4.985亿美元）[129]，其中，7530万英镑（约合1.288亿美元）用于国家航天项目，2.7亿欧元（约合3.696亿美元）用于出资欧洲航天局[130]。虽然国家预算较2013年的5730万英镑（约合8715万美元）增加了31%，但民用航天支出3.0815亿英镑（约合4.687亿美元），较2013年减少5.4%[131]。英国每四年进行一次预算调整，下次预算将从2015年开始，其财政年度起止时间为

2014年4月1日至2015年3月31日。

2014年，英国向欧洲航天局出资2.7亿欧元，较2013年的3亿欧元（约合3.903亿美元）减少10%[132]，主要原因是由于NeoSat下一代通信平台项目等英国重点投资的项目进度缓慢，导致实际支出减少[133]。英国也占有欧洲航天局AnySat项目90%的份额，该项目将使用欧洲通信卫星组织的量子灵活平台。此外，英国还在欧洲航天局的移动服务平台项目“海事卫星通信发展”（Inmarsat Communications Evolution）中持有主要股份[134]。由于不断增加通信方面的投资，英国在欧洲航天局的通信部分预算中占比最大，因此，欧洲航天局也将通信中心搬迁至英国的哈韦尔[135]。

就英国经济而言，航空航天产业每年市值超过90亿欧元，而英国政府也期望在2030年前将市值提升至400亿欧元[136]，并力争在2030年前将航天产业的国际市场份额由6.7%提升至10%[137]。为达到此目标，英国已制定相关政策和法规，以提升航天产业的吸引力。英国宣布将修订小型卫星法规，以减少获得营运许可所需的行政负担[138]。这表明英国将大力发展小型卫星，并将发展小型卫星的发射能力作为远期目标。此外，英国还期望发展快速进入太空能力，英国民航局已经筛选了八个小型机场研究其作为未来亚轨道航天发射场的可行性，其中首个发射场将在2018年前建成[139]。2014年，英国承诺设立监管机制，于2018年前开放亚轨道航天飞行[140]。

尽管英国现在重视发展亚轨道运载火箭，但同时也积极支持发展“云霄塔”（Skylon）可重复使用的单级入轨火箭。负责开发该火箭的发动机反应（Reaction Engines）公司已对其协同式吸气火箭发动机“佩刀”（SABRE）进行了20年研发工作[141]。欧洲航天局和英国宇航局均支持发展“佩刀”发动机，其中英国宇航局于2013年拨付6000万英镑（约合9130万美元）资金[142]。若“云霄塔”项目进展顺利，则最早可能于2019年进行飞行测试[143]。

2.3.6 印度

印度航天部在2014年财政年度（2014年4月1日至2015年3月31日）获723.8亿卢比（约合12亿美元）预算[144]，较2013年的679.2亿卢比（约合11.3亿美元）增长6.57%。尽管2013年可使用资金达680亿卢比[145]，但作为航天部政策执行机构的印度太空研究组织（ISRO），仅依照管理支出580亿卢比（约合9.65亿美元）[146]。

印度国家航天预算如图表2－24所示，航天技术部分占比最大，达434亿卢比（约合7.22亿美元）[147]。其中，火箭发射以260亿卢比（约合4.33亿美元）独占鳌头。这260亿卢比中，15亿卢比（约合2500万美元）用于研究新的煤油发动机，18 亿卢比（约合 3000 万美元）用于发展地球同步卫星运载火箭 Mark3（GSLV-3），39 亿卢比（约合 6500 万美元）用于发展 PSLV 极轨卫星运载火箭[148]。GSLV-3 运载火箭于 2014 年 12 月首次成功发射。Mark3 火箭项目则合并了 1993 年启动的低温末端引擎项目（该项目为印度首个独立研发的低温末端引擎项目，研发成本达 33.6 亿卢比，约合 5600 万美元）。尽管印度最大的通信卫星现在使用国外运载火箭发射，但印度太空研究组织正在研发大推力 GSLV 火箭，以便能够向地球同步轨道发射本国及外国卫星[149]。预计 Mark3 火箭将从 2017 年起用于商业发射[150]。

图表 2－24　印度航天预算

预算领域	2014/2015 财年预算（预测）		2014/2015 财年（修订预测）		2015/2016 财年预算（预测）	
货币单位	卢比（百万）	美元（百万）	卢比（百万）	美元（百万）	卢比（百万）	美元（百万）
指南和行政管理及其他项目	₹2029.00	$33.77	₹1453.10	$24.19	₹2084.70	$34.70
运营印度国家卫星（INSAT）	₹14482.10	$241.06	₹11240.30	$187.10	₹13209.50	$219.88
航天应用	₹8289.70	$137.98	₹7362.00	$122.54	₹9623.20	$160.18
航天科学	₹4183.00	$69.63	₹3058.50	$50.91	₹3002.50	$49.98
航天技术	₹43396.00	$722.34	₹35146.00	$585.01	₹45962.00	$765.05
合计	₹72380.00	$1204.78	₹58260.00	$969.75	₹73881.90	$1229.78

资料来源：印度太空研究组织（ISRO）。

虽然印度政府尚未全面批准载人航天飞行计划，但印度太空研究组织于 2014 年首次试飞 GSLV-3 火箭，并成功发射飞船原型机。载人飞船设计搭载 3 名宇航员，此次亚轨道飞行测试持续 20 分钟，用于评估火箭在大气层内的飞行性能。如果 ISRO 提出的 1250 亿卢比（约合 20.8 亿美元）的载人航天飞行项目获批，预计将在未来 7～8 年后实现首次载人飞行[151]。

印度还计划开展近地轨道之外的探索项目，预计在成功发射“月船 1 号”月球轨道探测器之后，于 2015 或 2016 年使用 GSLV-2 火箭发射“月船 2 号”月球轨道探测器、着陆器和月球车[152]。此外，印度的火星轨道探测器“火星飞船”（Mangalyaan）也于 2014 年 9 月到达目的地。“火星飞船”执行任务期限为六个月，计划绘制火星表面构成并测量其大气层的甲烷和氘/氢含量水平，项目成本为42亿卢比（约合7000万美元）[153]。

2.3.7 以色列

以色列通常与他国合作发展民用、国防和商业航天。以色列民用航天组织——以色列航天局（ISA）归属科学、技术及航天部管辖，自2012年起不含运营费用，每年预算约为9000万谢克尔（约合2624万美元），但规模超过百万谢克尔的项目都必须获得财政部批准。2009年，以色列总统西蒙·佩雷斯成立专门委员会研究如何发展以色列的航天产业，该委员会于2010年6月提出三个建议：扩大以色列航天局规模；合作发展；通过数年评估将预算规模从9000万谢克尔增至3亿谢克尔（约合8747万美元）。由于以色列国内举行大选（现政府于2014年底解散，次年年初建立新政府），虽然前期批准的项目已经执行，但2015年预算和工作计划仍处于冻结状态，有待立法机构及时批准2016年预算并增资至3亿谢克尔。

双边合作方面，以色列已与日本签订协议开展网络安全和航天合作。此项计划规定双方在三年内向航天合营企业投资数百万美元，且要求以色列科学、技术及航天部在2015年将合作研究资金增加50%[154]，这是以色列扩大与亚洲、非洲及拉丁美洲国家的合作关系，实行多元化合作战略的一部分[155]。“阿莫斯4号”（Amos-4）通信卫星于2014年成功发射，预计将运行12年，总成本达3.65亿美元，其中以色列卫星运营商思贝视康（Spacecom）公司支付1亿美元，以色列政府则支付其余部分用于未来卫星维护[156]。IAI公司获得“阿莫斯6号”卫星（“阿莫斯4号”的后续卫星，“阿莫斯5号”已于2011年发射）价值2亿美元的合约，以色列航天局后期还将提供一定发展资金[157]。2014年4月，以色列使用“沙维特”火箭在地中海的帕勒马希姆（Palmachim）空军基地成功发射“地平线”（Ofeq）高分辨率雷达侦察与气象系列卫星的最新型号“地平线10号”，也是该国四年来首次在国内进行的卫星发射活动。但由于“沙维特”火箭为抵消地球自转影响必须向西发射，“地平线”系列卫星被迫采用了高性能小卫星的行业标准。以色列军用航天预算数目虽高于民用预算，但具体情况并未公开[158]。2014年，部分资金用于制造出售给意大利陆军的名叫Optsat 3000的高分辨率侦察卫星，部分购买款项通过由以色列向意大利购买喷气式教练机的方式支付[159]。

以色列军事航天预算高于民用航天预算，且未公开。2014年军用航天预算部分用于制造高清监视卫星Optsat 3000，并服务于意大利军队的喷气式教练机[160]。

2.3.8 日本

日本2014财年（2014年4月1日至2015年3月31日）的航天预算共拨付给11个政府机构，总额达3827亿日元（约合37.8亿美元），含从2013财年结转的补充资金589亿日元（约合5.8亿美元）。2014财年的预算较上年的3219亿日元（约合31.8亿美元）增长18.9%。

2014年下拨的3238亿日元（约合32亿美元）资金中，1882亿日元（约合18.6亿美元）拨付给9个民用航天机构，具体情况如图表2－25所示。其中1562亿日元（约合15.4亿美元）拨付文部科学省（MEXT），日本宇宙航空研究开发机构（JAXA）获1562亿日元中的1545亿（约合15.3亿美元），占文部科学省预算的99%。此外，日本宇宙航空研究开发机构还收到补充资金271亿日元（约合2.7亿美元），2014财年预算达1815亿日元（约合17.9亿美元），占日本航天总预算的47.3%[161]。不仅如此，日本8个民间航天机构还经常会根据执行倡议将政府拨付的航天项目资金退还给日本宇宙航空研究开发机构。

图表2－25　2014年日本政府各机构航天支出（按机构划分）

机构	单位（10亿日元）	单位（10亿美元）
文部科学省（含JAXA）	156.2	1.542
防卫省	74.6	0.737
内阁官房	61.0	0.602
内阁府	13.2	0.130
国土交通省	9.5	0.094
环境省	3.9	0.039
经济产业省	2.2	0.022
总务省	2.2	0.022
警察厅	0.8	0.008
外务省	0.2	0.002
农林水产省	0.2	0.002
合计	324.0	3.199

注：不含来自2013财年额外补充的589亿日元（约合5.82亿美元）预算。

资料来源：JAXA华盛顿办事处。

日本宇宙航空研究开发机构下设七个分部。2014 财年，航天飞行和营运分部的预算金额为 301 亿日元（约合 3 亿美元），预算资金主要用于升级 H-IIA 运载火箭并规划下一代发射系统。国际空间站分部获预算 357 亿日元（约合 3.5 亿美元），将用于继续研发日本为国际空间站建造的“希望（Kibo）号”实验舱，并准备向国际空间站发射 HTV-5 货运飞船，同时为日本首位空间站指挥官若田光一提供活动经费。若田光一于 2013 年 11 月造访国际空间站，2014 年 3 月开始担任指挥官，同年 5 月返回地球。

2014 财年，日本宇宙航空研究开发机构航天应用分部的预算为 231 亿日元（约合 2.3 亿美元），用于发射两颗卫星，即 2 月发射的全球降水量测量（GPM）卫星（与美国国家航空航天局合作的项目）和 5 月发射的搭载 L 波段合成孔径雷达的“先进对地观测卫星 2 号”（ALOS-2）[162]。此外，监视气候变化的“温室气体观测卫星 2 号”（GOSAT-2）和“全球变化观测任务-C”（GCOM-C）也取得进展。

日本宇宙航空研究开发机构将“隼鸟 2 号”（Hayabusa-2）小行星探测器加装至 H-IIA运载火箭。该火箭于 2014 年 12 月发射，探测器将于 2018 年到达小行星，2020 年返回地球。(JAXA 供图)

2014 财年，日本宇宙航空研究开发机构航天技术和航空分部的预算为 126 亿日元（约合 1.2 亿美元），用于开发太空碎片清理技术，并开展空间太阳能技术研究。日本宇宙航空研究开发机构航天科学分部的预算为 323 亿日元（约合 3.2 亿美元），有关资金用于继续发展 X 射线观测卫星 ASTRO-H 及完成“隼鸟 2 号”探测器。“隼鸟 2 号”探测器于 2014 年 12 月发射，预计将于

2018 年到达目标小行星，通过撞击取样的方式寻找 C 类小行星上的有机物和水分，2020 年携带样本返回地球[163]。

日本防卫省 2014 财年预算为 746 亿日元（约合 7.4 亿美元），大部分用于与美国合作研发弹道导弹防御系统，其余则用于通信、天基 C^4ISR 系统的研发以及数据采集和使用。防卫省依赖商业和现有渠道获取并分析地球观测数据，实施侦察、监视活动和天气预报[164]。除防卫省外，内阁官房也通过将项目外包给日本宇宙航空研究开发机构的方式负责制造和运营与国家安全相关的卫星。该部门 2014 财年在一项侦察卫星项目上获得 610 亿日元（约合 6 亿美元）航天预算[165]。日本内阁府获得 132 亿日元（约合 1.3 亿美元）航天预算，其中约 125 亿日元（约合 1.23 亿美元）用于生产三颗“准天顶”区域导航系统（QZSS）卫星。日本国家空间政策办公室于 2015 年 1 月发布新《空间政策基本计划》，力争确保日本空间安全，推动太空数据民用，提升科学技术和太空工业基础。这项跨度十年的空间政策可清晰反映未来 20 年日本新的国家安全战略[166]。

2.3.9 俄罗斯

2014 年，俄罗斯联邦航天局获 1658.14 亿卢布（约合 48.8 亿美元）预算，较 2013 年的 1652.23 亿卢布（约合 48.6 亿美元）增加 0.4%[167]。这是俄罗斯对航天产业进行重组前向俄罗斯联邦航天局拨付的最后一笔预算。2014 年，俄罗斯政府整合了本国研究、制造、测试、运输和出售火箭的机构，成立联合火箭航天公司（URSC）。该股份公司由俄罗斯联邦全资拥有，集合了 62 家实体单位[168]。2015 年 1 月，俄罗斯总统普京批准了联合火箭航天公司和俄罗斯联邦航天局的合并计划[169]。此次重组有助于提升俄罗斯火箭发射产业的效率和可靠性，这也是 2014 年俄罗斯的发展主题。但由于乌克兰政治局势紧张导致俄罗斯与同盟国关系僵化并受到制裁，俄罗斯经济的平衡被打破，卢布开始贬值。

俄罗斯的下一代运载火箭“安加拉”已于 2014 年进行了首次试飞。2014 年 5 月，轻型“安加拉 A1”运载火箭在普列谢茨克发射场进行了亚轨道发射，同年 12 月，重型“安加拉 A5”火箭在该发射场发射入轨。“安加拉”火箭将东方发射场作为主发射场，但该发射场的建设进度已严重滞后[170]，发射设施的建造工作将延迟至 2016 年。* 2014 年，俄罗斯总统普京下令 2020 年前拨款

* 东方发射场一期建设已于 2016 年 4 月完工，二期工程业已开始，预计 2021 年完成。（译者注）

500 亿卢布（约合 14.7 亿美元）用于建设东方发射场，预期 2015 年首次发射“联盟 2 号”飞船，2018 年前实现载人飞行。为确保项目如期竣工并解决困扰项目已久的贪污问题，普京总统委任副总理罗格津亲自监督东方发射场直至完工[171]。

除近地轨道之外，俄罗斯的探索计划还包括火星和月球探索任务。俄罗斯作为欧洲航天局火星探测计划（ExoMars）的合作伙伴，计划 2016 年和 2018 年使用俄罗斯“质子号”火箭向火星发射探测器[172]。俄罗斯还在研究向木星发射科学任务卫星[173]。俄罗斯联邦航天局于 2014 年 9 月发布新的月球探索计划，向月球轨道和月球表面发射无人飞船，力争于 2030 年之前实现载人登月[174]。

据俄罗斯联邦航天局报告，2014 年俄罗斯航天产业出口收入减少 13%，为 43.74 亿卢布（约合 1.3 亿美元）[175]。俄罗斯航天基础设施的设备使用率仅为 49.9%[176]。针对低使用率问题，俄罗斯开始逐渐放宽私人企业进入。截至 2015 年 1 月 1 日，俄罗斯仅有 SPUTNIX 和达翰尔航空航天公司两家私有公司从事航天事业[177]。2014 年，SPUTNIX 公司发射俄罗斯首颗私人地球遥感卫星 TableSat-Aurora，并计划建成高分辨率小型卫星星座群[178]。达翰尔航空航天公司主营遥感卫星和小型卫星平台，且已与三星公司合作制造 DX-1 试验卫星，该卫星的发射时间较原计划的 2014 年 12 月有所推迟。2014 年，达翰尔公司获西班牙 Elecnor Deimos 公司授出合约，制造由 9 颗地球观测卫星组成的星座群；并获印度 Aniara Communications 公司授出合约，制造 2 颗 NEXSTAR 通信卫星[179]。此外，俄罗斯还通过俄罗斯出口保险机构（EXIAR）推动航天事业发展，为发射 NEXSTAR 通信卫星可能所需的银行贷款提供政府担保[180,181]。

2.3.10 韩国

韩国的民用航天项目由资讯通信技术暨未来规划部（MSIP）管理。该部门还负责拟订、授权和调整国家空间政策，登记空间物体、发射授权并监管发射保险[182]。韩国 2014 年航天预算为 5095 亿韩元（约合 5 亿美元），占韩国 2014 年 357.7 万亿韩元（约合 3500 亿美元）国家预算的 0.14%。航天预算中，韩国航空航天研究院（KARI）获得最大份额，约 3920 亿韩元（约合 3.9 亿美元）。

2013 年末，韩国政府颁发《航天发展中长期规划》和《航天技术产业化战略》两份文件。《航天发展中长期规划》提出四个目标：政府增加航天研发预算；通过发展韩国航天发射运载火箭-Ⅱ（KSLV-Ⅱ）获得独立航天发射能力；扩大私人企业参与卫星项目的程度；达到先进航天大国的航天竞争力水平。KSLV 运载火箭系列屡获进展：2013 年成功发射 KSLV-Ⅰ火箭（或称 Naro 号火箭，由俄罗斯帮助建造）后自主研发三级 KSLV-Ⅱ火箭，总开发成本为 1.957 万亿韩元（约合 19.3 亿美元），预期将在 2020 年后开始发射。KARI 计划 2027 年完成 KSLV-Ⅲ火箭的开发，届时将能向地球同步轨道发射小型有效载荷[183]。除运载火箭外，韩国还计划升级罗老航天发射中心，2040 年前完成升级改造，预计总花费 4400 亿韩元（约合 4.3 亿美元）[184]。

韩国还正在制造多颗卫星，同时提升本国在航天基础设施方面的自主性。韩国政府优先发展可为国民和经济带来最大收益的卫星和相关资讯服务[185]，具体情况如图表 2－26 所示。KOMPSAT-3A 红外高分辨率电子光学地球遥感卫星原计划于 2014 年发射，却因乌克兰“第聂伯”火箭暂停服务而延迟至 2015 年 3 月发射[186]。此外，KOMPSAT-2 地球同步轨道卫星系列已于 2015 年 2 月签订发射合约。韩国航空航天研究院正在制造 KOMPSAT-2A 地球同步轨道气象成像卫星和 KOMPSAT-2B 地球同步轨道海洋彩色成像和环境监视卫星，分别将于 2018 和 2019 年发射。KOMPSAT-2 项目的总成本（含发射成本）为 7200 亿韩元（约合 7.1 亿美元）[187]。此外，该研究院还在制造 KOMPSAT-6 卫星，该卫星是韩国首颗雷达地球遥感卫星 KOMPSAT-5 的升级版。KOMPSAT-6 卫星已于 2014 年签订雷达传感器合约，预计 2019 年发射[188]。

图表 2－26　2014 年韩国政府机构卫星应用情况

机　构	应　用	韩　元	美　元
农业、食品和农村事务部	开发“智能掌上应用”技术，监视农业生产	24 亿	240 万
环境部	建立国土数据库	44 亿	430 万
国土、基础设施和交通运输部	绘制非公共区域地图	20 亿	200 万
海洋水产部	基于地球同步轨道的海事卫星数据开展应用研究	24 亿	240 万
韩国气象局	研究如何运营气象卫星以及相关应用技术	112 亿	1100 万

来源：韩国航天发射实施计划。

韩国将遵照首个卫星信息使用基本规划（2014—2018）使用卫星数据。该规划于2014年5月公布，借以推动私人企业扩大地理信息、海洋、国土、救灾和国家安全等卫星应用服务（简称GOLDEN）。为推动该规划的实施，韩国计划于2015年成立卫星信息应用支持中心，开发相关软件搜索获取有关数据后向终端用户发送数据。获得卫星应用（此等应用可转至私人企业用作商业用途）投资并从事相关工作的韩国政府机构，见图表2-27[189]。

图表2-27　2014年从事卫星图像应用工作的韩国政府机构

部　门	成立时间	主要职责	员工人数	获投金额（韩元）	获投金额（美元）
韩国航空航天研究院信息研究中心	2007	卫星追踪和数据接收；加工并发布卫星图像	79	19亿	180万
韩国气象局国家气象卫星中心	2009	编写、管理气象卫星政策；设立卫星运营基金会	78	11亿	110万
海洋水产部海事卫星中心	2012	管理通信卫星计划；加工卫星数据；研究卫星应用；国际合作	27	30亿	300万
全国地理信息研究所地球空间图像信息和摄影测量学	2003	设立飞机/卫星图像数据库；绘图；图像分析和管理	17	250亿	2470万

资料来源：韩国航天发展实施计划。

2.3.11　其他航天国家

全球还有许多较小国家（就经济总量或人口数目而言）正在投资航天项目或计划。图表2-28列示了部分航天国家2014年用于民用航天活动的预算。

图表 2－28　2014 年部分其他国家的航天预算

国　家	主管机构	2014 年预算（本国货币）	货　币	预 算（美元）	描　述	资金来源
阿根廷	国家空间活动委员会（CONAE）	13.3667 亿	阿根廷比绍	1.64 亿	2014 年项目开支	经济和公共财务部
澳大利亚	创新、工业、科学与研究部等多个部门	3780 万	澳元	3600 万	2014—2015 年预算案	澳大利亚政府支持具有社会经济效益的科学、研究与创新活动
比利时*	比利时空间高层大气物理学研究所（BIRA-IASB）	350 万	欧元	500 万	估算	欧洲航天工业协会
印度尼西亚	印度尼西亚国家航空航天研究所（LAPAN）	6902 亿	印度尼西亚卢比	5800 万	2014 年预期目标	印度尼西亚共和国
哈萨克斯坦	哈萨克斯坦航天局	228.4339 亿	哈萨克斯坦坚戈	1.25 亿	2014 年预算案	哈萨克斯坦航天局
马来西亚	马来西亚国家航天局（ANGKASA）、马来西亚遥感局（Agensi Remote Sensing Malaysia）	1.11 亿	马来西亚元	3500 万	2014 年预算（直接）	马来西亚国家航天局、马来西亚遥感局
荷兰*	荷兰空间研究组织（SRON）	500 万	欧元	700 万	估算	欧洲航天工业协会
尼日利亚	国家空间研究与发展局（NASRDA）和尼日利亚通信卫星组织	71.6057 亿	尼日利亚奈拉	4400 万	2014 年拨款法案（总案）	尼日利亚预算办公室
南非	南非国家航天局（SANSA）（包含平方公里阵列等项目资金）	1.18 亿	南非兰特	1100 万	南非科技部部长于 2014 年 7 月 22 日所作声明	南非共和国科技部

（续表）

国　家	主管机构	2014 年预算（本国货币）	货　币	预 算（美元）	描　述	资金来源
瑞士*	瑞士空间办公室	680 万	欧元	900 万	估算	欧洲航天工业协会
乌克兰	乌克兰国家航天局（SSAU）	4.377 亿	乌克兰格里夫纳	3700 万	2014 年总预算案	乌克兰国家航天局
合计				5.3 亿		

＊仅指本国预算，不包含 ESA 提供的资助。表中哈萨克斯坦和尼日利亚两国 2014 年航天预算额（本国货币）分别为 228.43394 亿哈萨克斯坦坚戈和 71.60569497 亿尼日利亚奈拉，出于方便查看的目的，四舍五入至小数点后四位。

2.4　数据总结

《美国航天基金会 2014 年度报告》已使用图表 2－29 中数据。表中数字是完整和连续的，但每年涉及的国家数量会因数据获取情况而不同。因四舍五入，某些百分比之和未必等于 100％。

图表 2－29　2012—2014 年全球航天活动收入及预算（单位：10 亿美元）

类　型	2012 年	2013 年	2014 年	涨幅*	2014 年来源	描　述
商业基础设施及支撑产业	94.088	108.476	127.649	17.67%		
地面站及设备	84.117	101.252	119.602	18.12%	多个	电信及 GNSS 地面设备制造所得收益
卫星制造（商业）	6.180	4.360	4.750	8.94%	欧洲航天工业协会	生产商业卫星估算所得收益
卫星发射产业（商业）	2.500	1.809	2.396	31.90%	欧洲航天工业协会	商业发射估值
保险金	0.982	0.791	0.680	－14.03%	Seradata 航天情报	航天保费
自主研发	0.299	0.254	0.221	－13.01%	航天基金会基于国防部开支和自主研发总额作出的估算	航天工业自主研发估值

（续表）

类　型	2012 年	2013 年	2014 年	涨幅*	2014 年来源	描　述
亚轨道商业载人太空飞行（定金）	0.010	0.010	0.010	0.00%	维珍银河、XCOR Aerospace	亚轨道飞行活动定金
商业航天产品及服务	114.545	120.249	123.183	2.44%		
直播到户电视服务	88.400	92.600	95.000	2.59%	卫星工业协会	直播到户电视收益
卫星通信	20.558	21.550	21.702	0.71%	航天基金会公开文件	固定卫星服务和移动卫星服务收益
卫星广播	3.402	3.799	4.181	10.06%	公开文件	Sirius XM 公司所得收益
地球观测	2.185	2.300	2.300	NA	北方天空研究所(2013)	地球观测数据、处理及信息产品销售
美国政府航天预算	47.041	41.749	42.956	2.89%		
国防部（DoD）	26.677	22.290	22.483	0.87%	航天基金会分析结果	2014 财年航天活动
美国国家航空航天局(NASA)	17.770	16.865	17.647	4.63%	2016 财年总统预算请求概述	2014 财年（实际）
国家海洋和大气管理局（NOAA）	1.876	1.865	2.087	11.92%	NOAA 蓝皮书	2014 财年开支计划
国家科学基金会（NSF）	0.406	0.409	0.461	12.71%	2014 年总统航空航天报告	2014 财年航天活动
美国地质勘探局（USGS）	0.135	0.127	0.128	0.60%	USGS 绿皮书	2014 财年（实际）
内务部（DOI）	0.076	0.084	0.082	-2.38%	2014 年总统航空航天报告	2014 财年航天活动
能源部（DOE）	0.065	0.061	0.020	-67.11%	DOE 预算	2014 财年（当前）
美国农业部（USDA）	0.007	0.020	0.019	-5.00%	2014 年总统航空航天报告	2014 财年航天活动
联邦航空管理局（FAA）	0.016	0.015	0.016	7.16%	交通部	2014 财年（实际）
联邦通信委员会（FCC）	0.010	0.010	0.010	0.00%	航天基金会估算	2014 财年（估算）

（续表）

类　型	2012 年	2013 年	2014 年	涨幅*	2014 年来源	描　述
美国国务院	0.003	0.003	0.003	-2.05%	空间和先进技术办公室	2014 财年（实际）
非美国政府航天预算**	29.999	32.066	36.214	12.93%		
欧洲航天局	5.091	5.571	5.615	0.80%	欧洲航天局	2014 年欧洲航天局总预算
俄罗斯	4.327	5.032	4.880	-3.02%	俄罗斯大使馆	个人通信
中国	3.090	3.159	4.282	35.53%	航天基金会	估算
日本	3.373	2.565	3.042	18.61%	JAXA 华盛顿办公室	日本 2014 年航天相关预算请求
法国 †	1.104	1.151	1.278	11.03%	法国国家太空研究中心	2014 年国家预算
印度	0.880	1.141	1.205	5.59%	印度太空研究组织	预算概览
德国 †	0.743	0.571	0.617	8.10%	德国联邦经济与能源部 2014 年预算	2014 年国家预算
韩国	0.259	0.343	0.504	46.63%	航天发展实施计划	2014 年预算
加拿大 †	0.315	0.393	0.433	10.19%	加拿大航天局	2014—2015 年主要估算
欧洲气象卫星应用组织 †	0.325	0.262	0.251	-4.29%	欧洲航天工业协会	欧洲气象卫星应用组织预算
意大利 †	0.317	0.307	0.220	-28.28%	意大利航天局	2014 年国家预算
欧盟 †	0.256	0.295	0.175	-40.62%	欧洲航天工业协会，欧洲航天局	欧盟预算
巴西	0.184	0.157	0.153	-2.62%	巴西航天局	新闻发布
英国 †	0.045	0.087	0.129	47.76%	英国宇航署 2014—2015 年企业计划	2014—2015 年分配方案
西班牙 †	0.041	0.028	0.031	12.08%	西班牙国会	2014 年国家预算
以色列	0.013	0.049	0.026	-46.68%	以色列航天局	估算
其他国家	0.905	0.621	0.530	-14.61%	见图表 2-28	
非美国军事航天***	8.732	10.333	12.842	24.28%	航天基金会基于 Euroconsult 公司的数据作出估算	2014 历年估计支出
合计	285.673	302.541	330.002	9.08%		

*2014 年涨幅。

**非美国预算增长率或会因货币汇率问题而有异于文本所载。

***所有美国以外国家的防御开支均纳入“非美国军事航天”。

†不包括向欧洲航天局投资。

2014 年全球航天经济综述

（总计规模 3300.02 亿美元）

下图展示了 2014 年全球航天经济构成情况，总金额超过 3300 亿美元。各部分经济情况按照第 2 节划分的板块用不同颜色表示，并按金额大小降序排列，图中每个正方形代表 10 亿美元。各板块中，比例较小的部分和国家同一划归“其他”类，每个圆圈代表 1000 万美元。

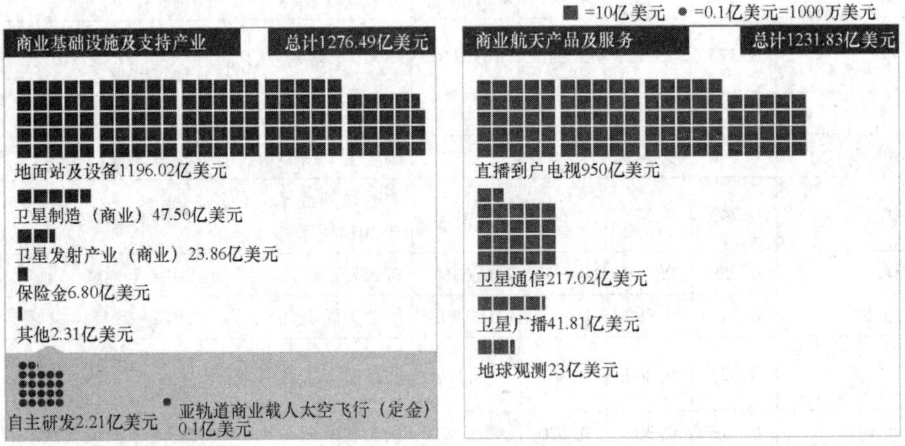

注：因四舍五入所致，数字之和未必等于合计数。

* 所含国家请参阅图表 2－28。† 不包括有关 ESA 的投资。

参考文献

[1] NASA. FY 2014 Summary of Performance and Financial Information, 56. February 2015. http://www. nasa. gov/sites/default/files/atoms/files/fy-2014-spfi. pdf.

[2] ESA. automated transfer vehicle: Europe's Space Freighter, 14. 2014. http://esamultimedia. esa. int/multimedia/publications/ATV_brochure_EN/offline/download. pdf.

[3] GNSS Market Report, Issue 4, 10. European Global Navigation Satellite Systems Agency. March 2015. http://www. gsa. europa. eu/system/files/reports/GNSS-Market-Report-2015-issue4_0. pdf.

[4] 2015 State of the Satellite Industry Report, 27. Satellite Industry Association. May 2015. http://www. sia. org/wp-content/uploads/2015/06/Mktg15-SSIR-2015-FINAL-Compressed. pdf.

[5] Leuders, Kathryn L. "Expanding Human Spaceflight Beyond the Exclusive Government Province." Paper presented at Space Symposium Technical Track. April 14, 2015. http://www. spacesymposium. org/sites/default/files/downloads/K. Lueders _ 31st _ Space _ Symposium _ Tech _ Track _ paper. pdf.

[6] Messier, Doug. "Boeing Completes CDR on CST-100 Spacecraft." Parabolic Arc (blog). October 20, 2014. http://www. parabolicarc. com/2014/10/20/boeing-completes-cdr-cst100-spacecraft/. Accessed May 26, 2015.

[7] McAlister, Philip. "Commercial Crew Program Status to the NAC," slide 11. NASA. April 2015. http://www. nasa. gov/sites/default/files/files/1-CSD_Brief_to_NAC_Apr_2015_TAGGED. pdf.

[8] Siceloff, Steven. "SpaceX Completes First Commercial Crew Transportation Milestone." NASA. December 19, 2014. http://www. nasa. gov/content/spacex-completes-first-commercial-crew-transportation-milestone. Accessed May 26, 2015.

[9] McAlister, Philip. "Commercial Crew Program Status to the NAC," slide 14. NASA. April 2015. http://www. nasa. gov/sites/default/files/files/1-CSD_Brief_to_NAC_Apr_2015_TAGGED. pdf.

[10] Malik, Tariq. "Virgin Galactic SpaceShipTwo Crash: Full Coverage and

Investigation." Space. com. December 19, 2014. http://www. space. com/27629-virgin-galactic-spaceshiptwo-crash-full-coverage. html. Accessed May 6, 2015.

[11] Wall, Mike. "Will Space Tourism Survive Virgin Galactic's Tragic Spaceship Crash?" Space. com. November 6, 2014. http://www. space. com/27651-space-tourism-virgin-galactic-spaceship-crash. html. Accessed May 6, 2015.

[12] Prigg, Mark, "The passenger spacecraft where you can sit in the cockpit for $95,000: New pictures reveal the XCOR Lynx space plane is getting close to completion." Mailonline. December 24, 2014. http://www. dailymail. co. uk/sciencetech/article-2886516/The-passenger-spacecraft-sit-cockpit-95-000-New-pictures-reveal-XCOR-Lynx-space-plane-getting-close-completion. html. Accessed May 6, 2015.

[13] XCOR Aerospace. Purchase a Ticket to Space Aboard Lynx. 2015. http://www. xcor. com/flytospace/. Accessed May 22, 2015.

[14] XCOR Aerospace. Payload Mission Capabilities. 2015. http://www. xcor. com/lynxpayloads/index. html. Accessed May 26, 2015.

[15] Cohn, Carolyn; Naidu, Richa. "Insured loss for U. S. supply rocket $40-50mln-sources." Reuters. October 29, 2014. https://uk. finance. yahoo. com/news/insured-loss-u-supply-rocket-150357635. html. Accessed June 1, 2015.

[16] Todd, David. "2014 Space Year: final count up shows record number of launched payloads while space insurers just about make a profit (Revised)." Seradata, Space Intelligence. January 2, 2015. http://seradata. com/SSI/2015/01/2014-space-year-final-count-up-shows-record-number-of-launched-payloads-while-space-insurers-just-about-make-a-profit/. Accessed June 1, 2015.

[17] Cohn, Carolyn; Naidu, Richa. "Virgin Galactic spaceship insured for $40-50 million, lead underwriter AIG: sources." Reuters. November 3, 2014. http://www. reuters. com/article/2014/11/03/us-space-crash-virgin-insurance-idUSKBN0IN0SP20141103. Accessed June 1, 2015.

[18] Defense Acquisition University. Research Development Test & Evaluation (RDT&E) Funds. ACQuipedia. April 4, 2005. https://dap. dau. mil/acquipedia/Pages/ArticleDetails. aspx? aid = e933639e-b773-4039-9a17-2eb20f44cf79. Accessed June 19, 2015.

[19] Space Foundation analysis of Department of Defense RDT&E budgets maintained by the Under Secretary of Defense.

[20] Pellerin, Cheryl. "New DOD Rule Supports Independent Research, Development." DoD News. February 6, 2012. http://www.defense.gov/news/newsarticle.aspx? id = 67068. Accessed June 19, 2015.

[21] Murray, Simon. "Press Release: Satellite TV revenues to overtake cable in 2015." Digital TV Research. May 13, 2015. https://www.digitaltvresearch.com/ugc/press/122.pdf.

[22] DISH Network. DISH Form 10-K Annual Report, 5,6. February 23, 2015. http://dish.client.shareholder.com/secfiling.cfm? filingID = 1104659-15-12777. Accessed May 28, 2015.

[23] DIRECTV. DIRECTV Annual Report 2014, 53. December 31, 2014. http://investor.directv.com/files/doc_financials/annual/2014/Directv_2014-Annual-Report_v001_b60c3u.pdf.

[24] Toevs, Robert. "DISH Network Reports Year-End 2014 Financial Results." DISH Network. December 31, 2014. http://dish.client.shareholder.com/releasedetail.cfm? ReleaseID = 897546. Accessed May 28, 2015.

[25] DISH Network. DISH Form 10-K Annual Report, 5. February 23, 2015. http://dish.client.shareholder.com/secfiling.cfm? filingID = 1104659-15-12777. Accessed May 28, 2015.

[26] Crisp, Alan. "Southeast Asia DTH: ASEAN to Behold." Northern Sky Research. September 3, 2014. http://www.nsr.com/news-resources/the-bottom-line/southeast-asia-dth-asean-to-behold/. Accessed May 28, 2015.

[27] TelevisionPost Team. "DTH has 40.54 mn active subs as on 31 Dec 2014: TRAI." Television Post. 11 May, 2015. http://www.televisionpost.com/dth/indias-dth-sector-has-43-4-inactive-subscribers/. Accessed May 28, 2015.

[28] Forrester, Chris. "India's ARPU grows 12-15%." Advanced-Television.com. April 1, 2015. http://advanced-television.com/2015/04/01/indias-arpu-grows-12-15/. Accessed May 28, 2015.

[29] Euroconsult. Satellite Communications & Broadcasting in Latin America, 2015 Edition. http://www.euroconsult-ec.com/research/latin-america-satcom-broadcasting-2015-brochure.pdf.

Adams, David. "DTH in Latin America." CSI. H2 2014. http://cc.bingj.com/cache.aspx? q = DTH + in + Latin + America&d =

4852988045436616&mkt = en-US&setlang = en-US&w = A-WvXXR3yTCe4mjJoX5kak72nRBmn-8R. Accessed May 28, 2015.

[30] Rohan. "Fixed Satellite Services (FSS) Market Worth $17.21 Billion in 2019." PR Newswire. December 5, 2014. http://www.prnewswire.com/news-releases/fixed-satellite-services-fss-market-worth-1721-billion-in-2019-284855421.html. Accessed May 29, 2015.

[31] Satellite Markets & Research. Vital Statistics. March 2015. http://www.satellitemarkets.com/vital_statistic. Accessed June 1, 2015.

[32] "MSS Operators Face A Challenging Market As Revealed In A New Euroconsult Report." Satnews.com. April 20, 2015. http://satnews.com/story.php? number=616140391. Accessed June 1, 2015.

[33] Sandle, Paul. "How Inmarsat Determined The Route Of Malaysia Airlines Flight MH370." The Huffington Post. March 24, 2014. http://www.huffingtonpost.com/2014/03/24/inmarsat-malaysia-airlines_n_5023664.html. Accessed June 1, 2015.

[34] McLaughlin, Chris. "Inmarsat to provide free global airline tracking service." Inmarsat. May 12, 2014. http://www.inmarsat.com/press-release/inmarsat-provide-free-global-airline-tracking-service/. Accessed June 1, 2015.

[35] Turner, Aimee. "Global Aircraft Tracking: The Issues." AirTrafficManagement.net. January 6, 2015. http://www.airtrafficmanagement.net/2015/01/global-aircraft-tracking-the-issues/. Accessed June 1, 2015.

[36] Satellite Markets & Research. Vital Statistics. March 2015. http://www.satellitemarkets.com/vital_statistic. Accessed June 1, 2015.

[37] Northern Sky Research, "Satellite-Based Earth Observation (EO), 5th Edition," October 2013.

[38] Northern Sky Research. Satellite Earth-Observation Market in Midst of Major Industry Shift. October 22, 2014. http://www.marketwired.com/press-release/-1959873.htm. Accessed May 27, 2014.

[39] Marshall, Will. "Space is hard: Antares rocket failure." Planet Labs (blog). October 28, 2014. https://www.planet.com/pulse/space-is-hard/. Accessed May 27, 2014.

[40] Zacks Equity Research. "Google Acquires Skybox for $500M." Yahoo!

June 11, 2014. http://finance. yahoo. com/news/google-acquires-skybox-500m-202005704. html. Accessed May 27, 2014.

[41] DigitalGlobe. "U. S. Department of Commerce Relaxes Resolution Restrictions DigitalGlobe Extends Lead in Image Quality." June 11, 2014. http://investor. digitalglobe. com/phoenix. zhtml? c = 70788&p = irol-newsArticle&ID = 1939027. Accessed May 8, 2014.

[42] European Commission and European Global Navigation Satellite Systems Agency. GNSS Market Report, Issue 4, 8. March 2015.

[43] European Commission and European Global Navigation Satellite Systems Agency. GNSS Market Report, Issue 4, 8. March 2015.

[44] GPS World Staff. "Geneq Introduces Sub-Meter GNSS Receiver for iPad, iPhone." GPS World. October 2. 2013http://gpsworld. com/geneq-introduces-sub-meter-gnss-receiver-for-ipad-iphone/. Accessed May 27, 2015.

[45] European Commission and European Global Navigation Satellite Systems Agency. GNSS Market Report, Issue 4, 8. March 2015.

[46] European Commission and European Global Navigation Satellite Systems Agency. GNSS Market Report, Issue 4, 20. March 2015.

[47] European Commission and European Global Navigation Satellite Systems Agency. GNSS Market Report, Issue 4, 17. March 2015.

[48] European Commission and European Global Navigation Satellite Systems Agency. GNSS Market Report, Issue 4, 28. March 2015.

[49] European Commission and European Global Navigation Satellite Systems Agency. GNSS Market Report, Issue 4, 27. March 2015.

[50] European Commission and European Global Navigation Satellite Systems Agency. GNSS Market Report, Issue 4, 10. March 2015.

[51] Rafferty, David; Shakin, Joshua; Wilson, Adam. "Monthly Budget Review for September 2014." CBO, September 2014. http://www. cbo. gov/sites/default/files/cbofiles/attachments/49450-MBR. pdf. Accessed June 4, 2015.

[52] NASA. NATIONAL AERONAUTICS AND SPACE ADMINISTRATION FY 2014 SPENDING PLAN FOR APPROPRIATIONS PROVIDED BY P. L. 113-76. June 23, 2014. http://www. nasa. gov/sites/default/files/files/FY-2014-NASA-Operating-Plan-June-2014. pdf.

[53] Money, Stewart. "EELV's era of transition." The Space Review. February 17, 2014. http://www. thespacereview. com/article/2455/1. Accessed June

4, 2015.

[54] USAF. Evolved Expendable Launch Vehicle (EELV). March 29, 2014. http://www. vandenberg. af. mil/library/factsheets/factsheet. asp? id = 5207. Accessed June 3, 2015.

[55] U.S Government Accountability Office. DEFENSE ACQUISITIONS: Assessments of Selected Weapon Programs, 63. March 2014. http://gao. gov/assets/670/662184. pdf.

[56] Martin, Paul K. "Audit Report: REVIEW OF NASA'S ACQUISITION OF COMMERCIAL LAUNCH SERVICES, No. IG-11-012, 12." NASA. February 17, 2011, https://oig. nasa. gov/audits/reports/FY11/IG-11-012. pdf.

[57] United Launch Alliance. Company History. http://www. ulalaunch. com/ history. aspx. Accessed June 4, 2015.

[58] U.S Government Accountability Office. EVOLVED EXPENDABLE LAUNCH VEHICLE: Introducing Competition into National Security Space Launch Acquisitions, 2. March 5, 2015. http://www. gao. gov/assets/670/ 661337. pdf.

[59] Svitak, Amy. "McCain Asks Pentagon IG to Investigate Air Force EELV Decision." Aviation Week. April 26, 2014. http://aviationweek. com/ blog/mccain-asks-pentagon-ig-investigate-air-force-eelv-decision. Accessed June 4, 2015.

[60] King, Ledyard. "SpaceX sues to block contract award for military satellite launches." USA Today. April 25, 2014. http://www. usatoday. com/story/ news/nation/2014/04/25/spacex-sues-to-block-contract-award/8157667/. Accessed June 4, 2015.

[61] Freedberg, Jr., Sydney J. "SpaceX's Big Chance: First EELV Competition In 10 Years." Breaking Defense. July 16, 2014. http://breakingdefense. com/2014/07/air-force-announces-1st-space-launch-competition-in-decade-spacexs-big-chance/. Accessed June 4, 2015.

[62] Hull, Dana. "Musk Settling U.S. Air Force Suit Opens SpaceX to Orders." Bloomberg Business. January 25, 2015. http://www. bloomberg. com/ news/articles/2015-01-26/musk-settling-air-force-suit-gives-spacex-path-to-future-flights. Accessed June 4, 2015.

[63] Balle, Joakim K. O. "About the GPS Program." Aeroweb. October 28,

2014. http://www. bga-aeroweb. com/Defense/Global-Positioning-System. html. Accessed June 4, 2015.

[64] USAF. RDT&E Budget Item Justification: PB 2015 Air Force. March 2014. http://www. globalsecurity. org/military/library/budget/fy2015/usaf-peds/0305913f_7_pb_2015. pdf.

[65] Davis, Dee Ann. "First GPS III Launch Slips to FY17." November 14, 2014, http://www. insidegnss. com/node/4270. Accessed June 12, 2015.

[66] Space Foundation. U. S. Defense Space-Based and -Related Systems Fiscal Year 2014 Budget Comparison, update 6, 8. 2014. http://www. spacefoundation. org/sites/default/files/downloads/01. 15. 14% 20FY% 2014%20Military%20Space. pdf.

[67] USAF. "SBIRS HEO-3 Is On Orbit. May 11, 2015. http://www. losangeles. af. mil/news/story. asp? id = 123447771. Accessed June 4, 2015.

[68] Chaplain, Cristina T. "SPACE ACQUISITIONS Some Programs Have Overcome Past Problems but Challenges and Uncertainty Remain for the Future," 8. U. S Government Accountability Office. April 29, 2015. http://gao. gov/assets/670/669930. pdf.

[69] Space Foundation. U. S. Defense Space-Based and -Related Systems Fiscal Year 2014 Budget Comparison, update 6, 3. 2014. http://www. spacefoundation. org/sites/default/files/downloads/01. 15. 14% 20FY% 2014%20Military%20Space. pdf.

[70] Chaplain, Cristina T. "SPACE ACQUISITIONS Some Programs Have Overcome Past Problems but Challenges and Uncertainty Remain for the Future," 6. U. S Government Accountability Office. April 29, 2015. http://gao. gov/assets/670/669930. pdf.

[71] Van Wagenen, Juliet. "Race to the Space Fence: Lockheed Martin, US Air Force Break Ground on New Space Surveillance System." Via Satellite. March 24, 2015. http://www. satellitetoday. com/technology/2015/03/24/race-to-the-space-fence-lockheed-martin-us-air-force-break-ground-on-new-space-surveillance-system/. Accessed June 4, 2015.

[72] Henry, Caleb. "General Dynamics to Build Space Fence Ground Structures for Lockheed Martin." Via Satellite. August 15, 2014. http://www. satellitetoday. com/regional/2014/08/15/general-dynamics-to-build-space-

fence-ground-structures-for-lockheed-martin/. Accessed June 4, 2015.

[73] MCTI. "Demonstrativo da Arrecadacção, Orcçamento e Execucção dos Fundos Setoriais - Janeiro a Dezembro de 2014." http://www.mct.gov.br/upd_blob/0236/236060.pdf. Accessed June 15, 2015.

[74] AEB. "AEB tem R $ 300 Milhöes no Orçamento do MCTI para Este Ano." http://www.aeb.gov.br/aeb-tem-r-300-milhoes-no-orcamento-do-mcti-para-este-ano/. Accessed June 8, 2015.

[75] PNAE. "National Program of Space Activities 2012-2021." http://www.aeb.gov.br/wp-content/uploads/2013/01/PNAE-Ingles.pdf. Accessed June 8, 2015.

[76] Svitak, Amy. "Ukraine, Brazil Prepare for 2015 Cyclone 4 Launch." Aviation Week. September 24, 2013. http://aviationweek.com/blog/ukraine-brazil-prepare-2015-cyclone-4-launch. Accessed June 8, 2015.

[77] de Selding, Peter B. "Brazil Pulling Out of Ukrainian Launcher Project." April 16, 2015. http://spacenews.com/brazil-pulling-out-of-ukrainian-launcher-project/. Accessed June 8, 2015.

[78] CSA. "2014-15 Estimates: Report on Plans and Priorities." http://www.asc-csa.gc.ca/pdf/eng/publications/rpp-2014-eng.pdf. Accessed November 15, 2014.

[79] Communication with CSA. November 16, 2014.

[80] Pugliese, David. "Canadian Space Agency Bracing for 13% Budget Cut." SpaceNews.com. January 8, 2013. http://www.spacenews.com/article/canadian-space-agency-bracing-for-13-budget-cut. Accessed November 15, 2014.

[81] 2014 Gross Domestic Product, Current Prices, National Currency. World Economic Outlook database. October 2014. https://www.imf.org/external/pubs/ft/weo/2014/02/weodata/index.aspx. Accessed June 11, 2015

[82] Perrett, Bradley; Svitak, Amy. "China's Space Program Is Taking Off." Aviation Week & Space Technology. November 25, 2013. http://aviationweek.com/awin/china-s-space-program-taking. Accessed June 10, 2015.

[83] Foust, Jeff. "China's Mars Exploration Program Facing Delays." SpaceNews.com. April 1, 2015. http://spacenews.com/chinas-mars-exploration-program-facing-delays/. Accessed June 10, 2015.

[84] David, Leonard. "Astronaut Conclave Provides Showcase for China's Station

Plans." SpaceNews. com. October 20, 2014. http://spacenews. com/42246astronaut-conclave-provides-showcase-for-chinas-station-plans/. Accessed June 10, 2015.

[85] Foust, Jeff. "The Role of International Cooperation in China's Space Station Plans." SpaceNews. com. October 14, 2014. http://spacenews. com/42183sn-blog-the-role-of-international-cooperation-in-chinas-space-station-plans/. Accessed June 10, 2015.

[86] Resp. No 876/2002, 683/2008 and 1285/2013 Council regulations. Official Journal of the EU L347/1 December 20, 2013.

[87] EC. EC Council regulation 1285/2013 of December 11, 2013.

[88] EC. EC Council regulation 1285/2013 of December 11, 2013.

[89] EU. REGULATION (EU) No 377/2014 OF THE EUROPEAN PARLIAMENT AND OF THE COUNCIL. April 3, 2014.

[90] Horizon 2020. "Breakdown of the Horizon 2020 Budget." European Commission. 2011. http://ec. europa. eu/research/horizon2020/pdf/press/horizon_2020_budget_constant_2011. pdf.

[91] EC DG ENTR. "Horizon 2020 Work Programme for (2014 and) 2015." Presented at Space Advisory Group on October 15, 2014.

[92] H2020 has a provision to support development of technologies for the Galileo system. These activities are delegated to ESA, like Galileo procurement, they are included in the H2020 budget, but are not subject to proposal by the EC, but will be associated to invitation to tender issued by ESA.

[93] EUMETSAT. Annual Report. http://www. eumetsat. int/website/home/AboutUs/Publications/AnnualReport/index. html.

[94] Communication with CNES, November 7, 2014.

[95] http://www. spacenews. com/article/civil-space/39157esa% E2% 80% 99s-shrunken-budget-for-2014-bigger-than-it-seems. Accessed November 5, 2014.

[96] Communication with CNES, November 7, 2014.

[97] de Selding, Peter B. "ESA Ministerial Produces a Few Surprises." SpaceNews. com. December 12, 2014. http://spacenews. com/esa-ministerial-produces-a-few-surprises/. Accessed January 26, 2015.

[98] de Selding, Peter B. "French Official Invokes U. S. Market 'Dumping' to Make Case for Ariane 6." SpaceNews. com. October 20, 2014. http://spacenews. com/42252french-official-invokes-us-market-dumping-to-make-

case-for-ariane-6/. Accessed January 26, 2015.

[99] de Selding, Peter B. "French Official Invokes U.S. Market 'Dumping' to Make Case for Ariane 6." SpaceNews.com. October 20, 2014. http://spacenews.com/42252french-official-invokes-us-market-dumping-to-make-case-for-ariane-6/. Accessed January 26, 2015.

[100] Ferster, Warren. "STRATCOM Signs SSA Date Sharing Accord with France." SpaceNews.com. January 27, 2014. http://spacenews.com/39302stratcom-signs-ssa-data-sharing-accord-with-france/. Accessed January 27, 2015.

[101] Communication with CNES, November 7, 2014.

[102] de Selding, Peter B. "France Starts Work on Eavesdropping Satellite Despite Funding Uncertainty." SpaceNews.com. December 10, 2014. http://spacenews.com/france-starts-work-on-eavesdropping-satellite-despite-funding-uncertainty/. Accessed January 26, 2015.

[103] de Selding, Peter B. "Airbus to Provide Ground Network for French Recon Satellites." SpaceNews.com. January 24, 2014. http://spacenews.com/39255airbus-to-provide-ground-network-for-french-recon-satellites/. Accessed January 27, 2015.

[104] de Selding, Peter B. "France Starts Work on Eavesdropping Satellite Despite Funding Uncertainty." SpaceNews.com. December 10, 2014. http://spacenews.com/france-starts-work-on-eavesdropping-satellite-despite-funding-uncertainty/. Accessed January 26, 2015.

[105] Communication from DLR, June 1, 2015.

[106] de Selding, Peter B. "ESA Ministerial Produces a Few Surprises." SpaceNews.com. December 12, 2014. http://spacenews.com/esa-ministerial-produces-a-few-surprises/. Accessed January 26, 2015.

[107] DLR. Research Report and Economic Development 2013/2014, p. 25.

[108] DLR. Research Report and Economic Development 2013/2014, p. 24.

[109] DLR. Research Report and Economic Development 2013/2014, p. 23.

[110] DLR. Research Report and Economic Development 2013/2014, p. 25.

[111] http://www.space-airbusds.com/en/programmes/mpcv-esm-v15.html. Accessed May 18, 2015.

[112] Communication with ASI, December 12, 2014.

[113] SpaceNews Editor. "No Honeymoon for New ASI President." SpaceNews.com. June 9, 2014. http://spacenews.com/40851editorial-no-honeymoon-

for-new-asi-president/. Accessed January 30, 2015.

[114] Communication with ASI, December 12, 2014.

[115] de Selding, Peter B. "Italian Commitment to Next-gen Radar Sats in Time to Avert Gap." SpaceNews. com. January 21, 2015. http://spacenews. com/italian-commitment-to-next-gen-radar-satellites-in-time-to-avert-gap/. Accessed January 30, 2015.

[116] de Selding, Peter B. "Roberto Battiston. President, Italian Space Agency." SpaceNews. com. November 26, 2014. http://spacenews. com/42669profile-roberto-battiston-president-italian-space-agency/. Accessed January 30, 2015.

[117] de Selding, Peter B. "ESA Ministerial Produces a Few Surprises." SpaceNews. com. December 12, 2014. http://spacenews. com/esa-ministerial-produces-a-few-surprises/. Accessed January 26, 2015.

[118] Communication with ASI, December 12, 2014.

[119] de Selding, Peter B. "Italian Space Increase Falls Short, Clouding Outlook for ESA Ministerial." SpaceNews. com. December 1, 2014. http:// spacenews. com/42638italian-space-increase-falls-short-clouding-outlook-for-esa-ministerial/. Accessed January 30, 2015.

[120] ESA. Vega: The European Small Launcher. http://www. esa. int/esapub/br/br257/br257. pdf. Accessed February 21, 2015.

[121] de Selding, Peter B. "Italian Space Increase Falls Short, Clouding Outlook for ESA Ministerial." SpaceNews. com. December 1, 2014. http:// spacenews. com/42638italian-space-increase-falls-short-clouding-outlook-for-esa-ministerial/. Accessed January 30, 2015.

[122] de Selding, Peter B. "ISS Expected to Take Back Seat to Next-gen Ariane as Space Ministers Meet." SpaceNews. com. September 22, 2014. http:// spacenews. com/41939iss-expected-to-take-back-seat-to-next-gen-ariane-as-space-ministers-meet/. Accessed January 30, 2015.

[123] de Selding, Peter B. "ESA Ministerial Produces a Few Surprises." SpaceNews. com. December 12, 2014. http://spacenews. com/esa-ministerial-produces-a-few-surprises/. Accessed January 26, 2015.

[124] Communication with ASI, December 12, 2014.

[125] Government of Spain, Ministry of Finance. "Presupuestos Generales Del Estado: Anexos de inversions reales y programación plurianual. Distribución

orgánica. Tomo II (Organismos autónomos, Agencias estatales y otros organismos públicos con presupuesto de gastos limitativo). " http://www. congreso. es/docu/pge2014/PGE-ROM/doc/L_14_A_V5. PDF. Accessed June 9, 2015.

[126] INTA. INTA in Figures. http://www. inta. es/IntaEnCifras. aspx. Accessed June 9, 2015.

[127] ESA. ESA Activities and Programmes. http://www. esa. int/For_Media/Highlights/ESA_budget_2014. Accessed June 9, 2015.

[128] Government of Spain, Ministry of Finance. "Presupuestos Generales Del Estado: Anexos de inversions reales y programación plurianual. Distribución orgánica. Tomo II (Organismos autónomos, Agencias estatales y otros organismos públicos con presupuesto de gastos limitativo). " http://www. congreso. es/docu/pge2014/PGE-ROM/doc/L_14_A_V5. PDF. Accessed June 9, 2015.

[129] UKSA. UK Space Agency Corporate Plan, 2014-15. https://www. gov. uk/government/uploads/system/uploads/attachment _ data/file/307613/Corporate_Plan_2014-15. pdf. Accessed June 4, 2015.

[130] de Selding, Peter B. "ESA's Shrunken Budget for 2014 Bigger Than It Seems." SpaceNews. com. January 17, 2014. http://spacenews. com/39157esas-shrunken-budget-for-2014-bigger-than-it-seems/. Accessed May 27, 2015.

[131] UKSA. UK Space Agency Corporate Plan, 2013-14. https://www. gov. uk/government/uploads/system/uploads/attachment _ data/file/295983/corporate-plan-final-2013-14. pdf. Accessed June 4, 2015.

[132] ESA. ESA Budget 2013. http://www. esa. int/spaceinimages/Images/2014/01/ESA_budget_2013. Accessed June 5, 2013.

[133] de Selding, Peter B. "ESA's Shrunken Budget for 2014 Bigger Than It Seems." SpaceNews. com. January 17, 2014. http://spacenews. com/39157esas-shrunken-budget-for-2014-bigger-than-it-seems/. Accessed May 27, 2015.

[134] de Selding, Peter B. "ESA Ministerial Produces a Few Surprises." SpaceNews. com. December 12, 2014. http://spacenews. com/esa-ministerial-produces-a-few-surprises/. Accessed January 26, 2015.

[135] de Selding, Peter B. "ESA Aeronautics Money Often Unclaimed."

SpaceNews. com. July 28, 2014. http://spacenews. com/41405news-from-the-farnborough-international-airshow-esa-aeronautics-research/. Accessed May 27, 2015.

[136] UK Government. National Space Security Policy. April 2014. https://www. gov. uk/government/uploads/system/uploads/attachment _ data/file/307346/National_Space_Security_Policy. pdf. Accessed May 28, 2015.

[137] UKSA. National Space Symposium, Colorado Springs, Colorado. April 15, 2015.

[138] de Selding, Peter B. "Britain to Reduce Space Insurance Requirements, May Ease Smallsat Licensing." SpaceNews. com. April 30, 2014. http://spacenews. com/40417britain-to-reduce-space-insurance-requirements-may-ease-smallsat-licensing/. Accessed May 27, 2015.

[139] UK Government. "Supporting Commercial Spaceplane Operations in the UK." https://www. gov. uk/government/uploads/system/uploads/attachment _ data/file/408414/uk-spaceport-government-response. pdf. Accessed June 1, 2015.

[140] de Selding, Peter B. "Britain Plots Course for Domestic Small-satellite Launcher." SpaceNews. com. July 18, 2014. http://spacenews. com/41296news-from-the-farnborough-international-airshow-britain-plots-course-for/. Accessed May 27, 2015.

[141] Reaction Engines. http://www. reactionengines. co. uk/index. html. Accessed June 1, 2015.

[142] "UK Earmarks £ 60m for Super-fast Space Rocket Engine." The Guardian. July 16, 2013. http://www. theguardian. com/science/2013/jul/16/60m-space-rocket-engine. Accessed June 1, 2015.

[143] Clark, Stuart. "Sabre Rocket Engine Could Open Up Access to Space as Never Before." The Guardian. July 17, 2013. http://www. theguardian. com/science/across-the-universe/2013/jul/17/sabre-rocket-engine-reaction-skylon. Accessed June 1, 2015.

[144] ISRO. Budget at a Glance. http://www. isro. gov. in/sites/default/files/pdf/budget/BUDGET_AT_A_GLANCE. pdf. Accessed May 9, 2015.

[145] ISRO. Outcome Budget of the Department of Space, Government of India, 2013-2014. http://www. isro. gov. in/sites/default/files/pdf/budget/Outcome%20budget2013-14. pdf. Accessed May 9, 2015.

[146] Jayaraman, K. S. "India Allocates $1. 2 Billion for Space Activities." SpaceNews. com. March 9, 2015. http://spacenews. com/india-allocates-1-2-billion-for-space-activities/. Accessed May 9, 2015.

[147] ISRO. Budget at a Glance. http://www. isro. gov. in/sites/default/files/pdf/budget/BUDGET_AT_A_GLANCE. pdf. Accessed May 9, 2015.

[148] Jayaraman, K. S. "Indian Space Budget Slated to Rise by 6. 5 Percent." SpaceNews. com. July 11, 2014. http://spacenews. com/41216indian-space-budget-slated-to-rise-by-65-percent/. Accessed May 9, 2015.

[149] Jayaraman, K. S. "Fully Domestic Indian Rocket Launches Geo Satellite." SpaceNews. com. January 5, 2014. http://spacenews. com/38925fully-domestic-indian-rocket-launches-geo-satellite/. Accessed May 9, 2015.

[150] de Selding, Peter B. "India Poised to Expand Presence in Global Launch Market." SpaceNews. com. October 1, 2014. http://spacenews. com/4205565th-international-astronautical-congress-india-poised-to-expand-presence/. Accessed May 9, 2015.

[151] Jayaraman, K. S. "India Tests GSLV-3 Rocket and Crew Capsule with Suborbital Launch." SpaceNews. com. December 18, 2014. http://spacenews. com/india-tests-gslv-3-rocket-and-crew-capsule-with-suborbital-launch/. Accessed May 9, 2015.

[152] Jayaraman, K. S. "Fully Domestic Indian Rocket Launches Geo Satellite." SpaceNews. com. January 5, 2014. http://spacenews. com/38925fully-domestic-indian-rocket-launches-geo-satellite/. Accessed May 9, 2015.

ISRO. Chandrayaan-2. http://www. isro. gov. in/chandrayaan-2. Accessed May 20, 2015.

[153] SpaceNews Editor. "Rendezvous at Mars." SpaceNews. com. October 20, 2014. http://spacenews. com/42247editorial-rendezvous-at-mars/. Accessed May 9, 2015.

Jayaraman, K. S. "Indian Probe in Mars Orbit." SpaceNews. com. September 24, 2014. http://spacenews. com/41976indian-probe-in-mars-orbit/. Accessed May 9, 2015.

[154] SpaceNews Staff. "Israel Seeks to Strengthen Space Ties with Japan." SpaceNews. com. January 5, 2015. http://spacenews. com/israel-seeks-to-strengthen-space-ties-with-japan/. Accessed February 20, 2015.

[155] Opall-Rome, Barbara. "Israel Seeks Space, Cyber Cooperation with

Japan." Defence News. January 4, 2015. http://www.defensenews.com/story/defense/international/mideast-africa/2015/01/04/israel-seeks-space-cyber-cooperation-with-japan/21258025/. Accessed February 20, 2015.

[156] de Selding, Peter B. "Zenit Rocket Returns to Flight with Successful Launch of Israeli Satellite." SpaceNews.com. September 3, 2013. http://spacenews.com/37038zenit-rocket-returns-to-flight-with-successful-launch-of-israeli/. Accessed February 20, 2015.

[157] de Selding, Peter B. "Growth Prospects Limited for Israeli Satellite Builder." SpaceNews.com. July 18, 2014. http://spacenews.com/41298news-from-the-farnborough-international-airshow-growth-prospects/. Accessed February 20, 2015.

[158] de Selding, Peter B. "Growth Prospects Limited for Israeli Satellite Builder." SpaceNews.com. July 18, 2014. http://spacenews.com/41298news-from-the-farnborough-international-airshow-growth-prospects/. Accessed February 20, 2015.

[159] Brian Berger. "Israeli Rocket Launches Radar Reconnaissance Satellite." SpaceNews.com. April 10, 2014. http://spacenews.com/40170israeli-rocket-launches-radar-reconnaissance-satellite/. Accessed February 20, 2015.

[160] de Selding, Peter B. "Vega to Launch Two Israeli-built Earth Observing Craft." SpaceNews.com. February 19, 2014. http://spacenews.com/39551vega-to-launch-two-israeli-built carth-observing-craft/. Accessed February 20, 2015.

[161] MEXT. http://www.mext.go.jp/a_menu/yosan/h26/1339138.htm. Accessed March 16, 2015.

[162] JAXA. "Launch Records." http://global.jaxa.jp/projects/result.html. Accessed November 29, 2014.

[163] JAXA. "Asteroid Explorer 'Hayabusa-2'." http://global.jaxa.jp/projects/sat/hayabusa2/. Accessed December 6, 2014.

[164] Communication with JAXA, November 12, 2014.

[165] Communication with JAXA, November 12, 2014.

[166] Strategic Headquarter for Space Policy. "Basic Plan on Space Policy (Overview)." January 9, 2015.

[167] Communication from Embassy of the Russian Federation, February 27, 2015.

[168] Interfax News Agency. "Space and Rocket Building." Russia & CIS

Defense Industry Weekly. July 25, 2014.
[169] Bodner, Matthew. "Putin Approves Roscosmos Merger with Conglomerate." SpaceNews. com. January 23, 2015. http://spacenews. com/putin-approves-roscosmos-merger-with-conglomerate/. Accessed March 5, 2015.
[170] de Selding, Peter B. "ILS Looks to Rebound from Tough 2014." SpaceNews. com. January 12, 2015. http://spacenews. com/ils-looks-to-rebound-from-tough-2014/. Accessed March 5, 2015.
[171] Bodner, Matthew. "Cash Infusion Reaffirms Putin's Commitment to New Launch Complex." SpaceNews. com. September 3, 2014. http:// spacenews. com/41747cash-infusion-reaffirms-putins-commitment-to-new-launch-complex/. Accessed March 10, 2015.
[172] de Selding, Peter B. "Airbus Completes ExoMars Heat Shields as Clock Ticks Toward 2016 Launch." SpaceNews. com. July 11, 2014. http:// spacenews. com/41219airbus-completes-exomars-heat-shields-as-clock-ticks-toward-2016-launch/. Accessed March 10, 2015.
[173] de Selding, Peter B. "ESA Chief Says Ties with Roscosmos Remain Strong." SpaceNews. com. June 5, 2014. http://spacenews. com/ 40806esa-chief-says-ties-with-roscosmos-remain-strong/. Accessed March 11, 2015.
[174] Staff Writers. "Russia Plans to Start Moon Exploration Jointly with Partners." Moon Daily. March 15, 2015. http://www. moondaily. com/ reports/Russia_Plans_to_Start_Moon_Exploration_Jointly_With_Partners_999. html. Accessed March 15, 2015.
[175] de Selding, Peter B. "Roscosmos Details Russia's Struggling Space Sector." SpaceNews. com. April 20, 2015. http://spacenews. com/roscosmos-details-russias-struggling-space-sector/. Accessed March 15, 2015.
[176] Yakunin, Andrey. "Russia Offers Startups 'Space' for Growth." SpaceNews. com. March 3, 2015. http://spacenews. com/op-ed-russia-offers-startups-space-for-growth/? utm_content = bufferd5b30&utm_medium = social&utm_source = facebook. com&utm_campaign = buffer. Accessed March 5, 2015.
[177] Yakunin, Andrey. "Russia Offers Startups 'Space' for Growth." SpaceNews. com. March 3, 2015. http://spacenews. com/op-ed-russia-

offers-startups-space-for-growth/? utm_content = bufferd5b30&utm_medium = social&utm_source = facebook. com&utm_campaign = buffer. Accessed March 5, 2015.

[178] SPUTNIX. "SPUTNIX Has Launched the First Russian Private Earth Remote Sensing Satellite." June 20, 2014. http://www. sputnix. ru/en/mediainfo/item/356-sputnix-has-launched-the-first-russian-private-earth-remote-sensing-satellite. Accessed March 5, 2015.

[179] SpaceNews Staff. "Spotlight: Dauria Aerospace." SpaceNews. com. February 24, 2014. http://spacenews. com/39609spotlight-dauria-aerospace/. Accessed March 5, 2015.

[180] de Selding, Peter B. "ILS to Get Fewer Launches in 2014, Expects Boost from New Russian Export Credit Agency." SpaceNews. com. March 11, 2014. http://spacenews. com/39812news-from-satellite-2014-ils-to-get-fewer-launches-in-2014-expects-boost/. Accessed March 3, 2015.

[181] de Selding, Peter B. "Dauria Aerospace to Build Two Lightweight Telecom Satellites for Indo-U. S. Venture." SpaceNews. com. July 18, 2014. http://spacenews. com/41295news-from-the-farnborough-international-airshow-dauria-aerospace-to/. Accessed March 10, 2015.

[182] Communication from KARI, December 5, 2014.

[183] KARI. "The Government, Establishing a Foothold for the Takeoff of Korea as an Aerospace Powerhouse." November 26, 2013. http://eng. kari. re. kr/sub03 _ 01/articles/view/tableid/press _ release/page/1/view _ type/webzine/id/393. Accessed February 25, 2015.

[184] Pinkston, Daniel A. "Joining the Asia Space Race: South Korea's Space Program." Academic Paper Series. September 10, 2014. Korea Economic Institute of America. http://keia. org/sites/default/files/publications/kei_aps_2014_pinkston. pdf. Accessed February 13, 2015.

[185] KARI. "The Government, Establishing a Foothold for the Takeoff of Korea as an Aerospace Powerhouse." November 26, 2013. http://eng. kari. re. kr/sub03 _ 01/articles/view/tableid/press _ release/page/1/view _ type/webzine/id/393. Accessed February 25, 2015.

[186] KARI. "KOMPSAT-3A (Korea Multi-Purpose Satellite-3A) Program." http://eng. kari. re. kr/sub01_01_02_03. Accessed February 13, 2015.

[187] de Selding, Peter B. "Arianespace Beats SpaceX to Launch Two South Korean

Weather Satellites." SpaceNews. com. February 13, 2015. http://spacenews. com/arianespace-beats-spacex-to-launch-two-south-korean-weather-satellites/. Accessed February 13, 2015.

[188] de Selding, Peter B. "German-Korean Team to Build Kompsat-6 Radar Imager." SpaceNews. com. February 26, 2014. http://spacenews. com/39625german-korean-industrial-team-to-build-kompsat-6-radar-imager/. Accessed February 16, 2015.

[189] Pinkston, Daniel A. "Joining the Asia Space Race: South Korea's Space Program." Academic Paper Series. September 10, 2014. Korea Economic Institute of America. http://keia. org/sites/default/files/publications/kei_aps_2014_pinkston. pdf. Accessed February 13, 2015.

第三章　航天基础设施

①美国太空探索技术公司为搭载宇航员进入国际空间站设计研发的第二代“龙”飞船。②两名工程师正在操控由SSL设计制造的“亚洲六号”通信卫星。③ISS圆屋顶模型为宇航员提供了地球和加拿大二代机械臂外形图。④“联盟号”火箭顶部的两枚“伽利略”计划PNT卫星，准备在法属圭亚那库鲁发射场发射。运输、发射、通信、导航及机器人都是航天基础设施的组成部分，需要专业力量来建造、操作和维护。供图：SpaceX，SSL，NASA，ESA。

3.0 概述

如何部署卫星？怎样操作卫星指向地球特定地区或外空深处，然后利用星载设备接收有用数据？无论是军方、政府机关、商业机构还是公益组织，航天基础设施作为有关操作的整合平台，对于航天产业至关重要。仰仗航天基础设施，我们可以实现以下任务，包括：火箭升空；航天设施和特定型号火箭发射；空间指控中心工作人员发出指令监测火箭与卫星的运行状态；空间站和太空舱搭载宇航员遨游太空，并将数据流传回地球；各国卫星绕地球运转。上述所有活动均离不开航天基础设施。

3.1 载人航天系统

相较于将人类送入太空，发射卫星相对简单得多。人类不仅要呼吸空气，还需要食物、水和适宜的温度，并在保护空间环境的同时，安全返回地球。火箭的最初设计目标为准确安全返回地球既定区域，但为了满足不断变化的人类需求，近几十年来，专家们设计了各种不同类型的航天器。美俄两国在20世纪50年代开始发展载人航天，直至今日仍保持技术领先的地位。中国虽是该领域的后起之秀，但发展速度惊人，已于2003年将第一位航天员（Taikounaut*）成功送入太空。印度也在2014进行了飞行试验，有望成为世界上第4个成功发射载人飞船并安全着陆的国家。

3.1.1 美国载人航天系统

自从美国的航天飞机于2011年退役后，美国再也不具备利用本国航天器将宇航员送至国际空间站的能力。美国国家航空航天局不得不与俄罗斯联邦宇航局签署合同，高价购买俄罗斯“联盟号”宇宙飞船的座位。但由于座位价格飞涨及来自乌克兰的政治压力，迫使美国国家航空航天局开始寻求发展自主制造的载人飞船。

为重建其独立载人航天能力，美国按照两种思路发展系列载人航天器，一是商业乘员计划（Commercial Crew Program，CCP），即由商业机构开发载人航

---

* Taikounaut，即中国宇航员，系由汉语拼音 taikong 和英文 astronaut 缩合而成。（译者注）

天器，目的地为国际空间站；二是航天发射系统（Space Launch System，SLS），即由美国国家航空航天局牵头开发新一代载人飞船，目标是探索地球轨道外空间，可能目的地包括月球、近地小行星和火星等。

根据商业乘员计划，几家美国公司在2014年得到了美国国家航空航天局的进一步资助，继续开发将宇航员送至近地轨道空间的商业载人航天器。商业乘员计划自2010年起已经历数个阶段。最近阶段即商业乘员运输能力计划（Commercial Crew Transportation Capability，CCtCap）[1]。CCtCap前，美国国家航空航天局为商业乘员计划资助15亿美元，而2014年CCtCap授予波音公司的合同价值高达42亿美元；授予太空探索技术公司的合同为26亿美元。若将上述合同额纳入商业乘员计划，则其规模已超过83亿美元[2]。波音公司和太空探索技术公司将分别在2017年前为美国国家航空航天局提供符合美国宇航局认证标准，并已完成试飞任务的乘员运输系统（Crew Transportation System，CTS）[3]。波音公司据此继续研发其CST-100太空舱，太空探索技术公司已于2014年5月推出“龙”飞船的新型号（V2）[4]。“龙”飞船曾搭载用于生物研究的物品抵达国际空间站，为目前唯一的返回式货运飞船。

美国国家航空航天局的航天发射系统作为星座计划（Constellation Program）的一部分，始于2004年，旨在发展登月能力。星座计划于2010年被美国国家航空航天局终止，但通过该计划发展起来的“猎户座”飞船载人舱（Orion Multi-Purpose Crew Vehicle capsule）被转移到猎户座计划，同年即通过授权法案获得资金支持。2014财年，美国国家航空航天局为用于深空探测的“猎户座”飞船和航天发射系统重型运载火箭项目分别投资11.94亿和17亿美元。2014年12月，美国国家航空航天局在4小时的双轨飞行环境实验中，成功测试了“猎户座”飞船的重返能力[5]。此次EFT-1的试验主要测试“猎户座”的热屏蔽，同时也测试了降落伞及火箭系统控制情况[6]。由于航天发射系统仍处于开发阶段，因此飞船由大推力的“德尔塔4号”重型火箭发射。

3.1.2 俄罗斯载人航天系统

2014年，俄罗斯仍旧拥有目前世界上唯一一艘服务于国际空间站的载人飞船，预计这种状态将至少持续至2017年，到那时美国国家航空航天局支持的由商业机构开发的新航天器将投入使用。俄罗斯的“联盟号”载人飞船于1967年首飞，几十年内进行过多次升级，先进制造和计算机技术的进步使升级后的飞船更易操作、更轻便、承重更高。

俄罗斯使用“联盟号”运送本国、他国宇航员及私人客户往返国际空间站。2013年4月，美国国家航空航天局与俄罗斯签署协议，购买了“联盟号”上的6个座位，将满足美国国家航空航天局2017年底前的需求，总计耗资4.24亿美元，平均每个座位7070万美元。但“联盟号”预订座位的价格逐年攀升，2014年4月，美国国家航空航天局不得不再次购买“联盟号”座位以填补本国载人飞船首个运营航班首飞之前的缺口[7]。相较2013年合同，此次6个“联盟号”座位合计4.58亿美元，每个座位7630万美元，单位增长近600万美元。

图表3-1　2016—2024年商业卫星及发射量（预测）

卫星	2016	2017	2018	2019	2020	2021	2022	2023	2024	总计	平均
地球同步轨道（太空运输咨询委员会预测）	25	26	—	—	—	—	—	—	—	51	25.5
非地球同步轨道（美国联邦航空管理局预测）	136	151	104	92	92	87	86	87	86	921	102.3
卫星总数量	161	177	104	92	92	87	86	87	86	972	108.0
发射要求	**2016**	**2017**	**2018**	**2019**	**2020**	**2021**	**2022**	**2023**	**2024**	**总计**	**平均**
中高地球同步轨道	17	18	—	—	—	—	—	—	—	35	17.5
非中高地球同步轨道	17	15	13	11	10	10	10	10	10	106	11.8
非地球同步轨道小卫星	2	4	2	1	0	1	0	1	0	11	1.2
总发射量	36	37	15	12	10	11	10	11	10	152	16.9

注：地球同步轨道卫星2018—2014年的发射数量不可预测。

卫星轨道

- 近地轨道（LEO）距离地球表面200~2000千米，LEO轨道航天器大约90分钟绕地球飞行一周。
- 中轨道（MEO）位于LEO（2000千米）以上和地球同步轨道以下（35790千米）的地球周围的空间区域。MEO卫星轨道周期是2~12小时。该区域的卫星最常用于导航，如美国全球定位系统（GPS）。

• 地球同步轨道（GEO）距离地球表面大约35790千米。卫星在该轨道上的轨道周期与地球自转周期相同，卫星以相同的方向和相同速率绕地球运行，此时卫星相对地球表面的位置固定。通信卫星正是利用此轨道特性。此外，地球同步卫星提供“大图像”视角，可用于天气预报，特别是监测突发气象、强烈风暴以及热带气旋。

• 极轨道是指轨道倾角接近90度、轨道高度为700~800千米的轨道。许多极轨道航天器位于太阳同步轨道（SSO）。卫星每天以当地相同时间重访地球表面同一地点，周而复始。此特征可于固定时间收集数据，此外，特殊地理位置可用于做长期比较。

• 大椭圆轨道（HEO）具有高度较低的近地点（最接近地球的轨道点）和极高的远地点（最远离地球的轨道点）等特征。这种极细长的轨道具有滞空时间长的优势，且在最高点的滞留时间超过12小时，因此适用于通信卫星。

• GEO转移轨道（GTO）是近地点位于LEO而远地点位于GEO的椭圆轨道。运载火箭通常采用此轨道将LEO载荷送至GEO轨道。

2014年12月，俄罗斯首次成功试射“安加拉A5号”（Angara A5）重型运载火箭，并将模拟载荷送入地球静止轨道[8]。俄罗斯计划使用“安加拉”火箭系列的衍生型号，即“安加拉5P号”搭载4名宇航员发射正在研发中的最新型CSTS载人太空船，即“未来驾驶运输系统”，其目的地包括近地轨道、月球以及更远[9]。截至2014年，该计划比预定日期推迟1~3年，预计2018年进行发射[10]。

3.2　运载火箭

运载火箭虽然尺寸、性能各异，但最主要区别为载重能力，即将所携带的载荷送入预定轨道或亚轨道的能力。尽管亚轨道飞行器可携带载荷飞至地球大气层外，但速度通常慢于火箭，结构也更简单。

3.2.1　轨道运载火箭

2014年全球共完成92次发射活动（含2次发射失败），各国发射次数如图表3-2（a）所示（见彩图）。创下1994年来的新高，维持了自2005年逐年增长的态势。此外，2014年也是航天产业的成功之年。该年，美国本土（不含2014年加州长滩海上平台的发射）发射23枚火箭，较上年增加4枚；相较2013年，欧洲该年完成了11枚火箭的发射任务，同样较上年增长4枚；

其他国家和地区的航天发射活动与2013年基本持平。俄罗斯保持稳定，发射了32枚火箭；中国完成了16枚火箭的发射任务（较上年增长1枚）；印度和日本两国各发射4枚；以色列发射了1枚火箭，突破了2013年的零发射。

2014年进行的92次发射活动共携带了355吨有效载荷，各国发射起飞载重如图表3-2（b）所示（见彩图）。其中近地轨道201吨，同步轨道127吨，中轨道和大椭圆轨道27吨，其余为超环地轨道。发射至近地轨道的201吨载荷中，126吨（占比63%）是为国际空间站服务的，这些任务涉及14艘重型火箭和飞船，重量介于4吨（“天鹅座号”飞船）到20吨（ATV飞船）之间。与此相比，2014年发射所用的其他飞行器的平均重量为1.6吨。2015年商业航天运输咨询委员会对商业发射次数预测情况，如图表3-3所示（见彩图）。

3.2.1.1 美国运载火箭

美国在2014年共发射了23枚火箭，1枚失败，22枚成功，具体情况如图表3-4所示。由波音公司和洛克希德·马丁公司组成的联合发射联盟（ULA）在2014年垄断了大部分美国火箭的发射任务，当年的14次发射活动中，仅有一次是为数字地球公司发射WorldView-3高解析度光学卫星。联合发射联盟不仅服务于美国政府和军方，也承担商业发射任务。美国空军在2013年授予联合发射联盟3份总计26亿美元的合同，将在2013—2017年间采购36枚火箭，其中还不包括2013年12月的一份价值5.3亿美元的附加合同变更[11]。

联合发射联盟在美国的最大竞争对手SpaceX公司在2014年成功发射6枚“猎鹰9号”1.1版本运载火箭，位居美国第二。该公司试图将“猎鹰9号”发展为可回收的廉价火箭。虽然“猎鹰9号”与联合发射联盟的“阿特拉斯”（Atlas）V401运载能力相当，但SpaceX在2014年对其产品进行了不间断的改进和测试。

在成功执行加拿大MDA公司的发射任务后，SpaceX在2013年9月尝试采取两阶段的方式在海上回收“猎鹰9号”火箭。按计划火箭第一级将重返地球，降落到大西洋一艘无人驾驶的驳船上，但着陆时火箭由于速度太快，没有实现软着陆，而是摔在漂浮板上导致部分设备损坏[12]；2014年4月的另一次发射则成功实现了第一级火箭受控下落和零速度入水[13]；2014年7月，SpaceX又成功完成了一次“猎鹰9号”在水上受控着陆试验，并开始验证未来在浮动平台上着陆的可能性[14]；2014年11月，SpaceX公司透露了该项目平台——无人驳船浮台（Autonomous Spaceport Drone Ship）的存在[15]。

图表 3－4 2014 年美国轨道发射情况

火箭							
	“安塔瑞斯”	“阿特拉斯” V401	“阿特拉斯” V541	“德尔塔 2 号” 7320－10	“德尔塔 4 号” 重型火箭	“德尔塔 4 号” 中型火箭（4，2）	“猎鹰 9 号”
2014 总发射量	3	7	2	1	1	3	6
2014 发射可靠性	2/3（67%）	7/7（100%）	2/2（100%）	1/1（100%）	1/1（100%）	3/3（100%）	6/6（100%）
2004—2014 发射可靠性	4/5（80%）	24/24（100%）	3/3（100%）	7/7（100%）	7/8（88%）	11/11（100%）	13/13（100%）
首次发射年份	2013	2002	2011	1999	2004	2002	2010
2014 发射站	MARS	CCAFS，VAFB	CCAFS，VAFB	VAFB	CCAFS	CCAFS	CCAFS
LEO 有效载荷按千克（磅）	4900（10803）	9797（21599）	17443（38455）	2703（5959）	28790（63471）	13140（28969）	10454（23047）
GTO 有效载荷按千克（磅）	1800（3968）	4750（10472）	8290（18276）	—	14220（31350）	6390（14088）	4850（10692）

注：发射可靠性是通过分析特定火箭成功和失败发射数量确定的；任务结果（成功或失败）不用于计算火箭发射可靠性，火箭图片不符合实物比例。

数据来源：航天基金会数据库。

美国位居第三位的轨道运载火箭制造商——轨道科学公司（Orbital Sciences）在2014年表现比较活跃。该公司利用“安塔瑞斯”（Antares）运载火箭为国际太空站执行了3次补给，其中2次成功；第三枚，也是最后一枚，在2014年10月发射失败。此次发射失败也导致国际空间站的补给、研究实验中断，随同火箭升空的28颗微卫星被烧毁。

3.2.1.2 俄罗斯运载火箭

2004至2014年，俄罗斯一直保持着全球最大的轨道发射供应商地位。2014年，俄罗斯共执行了32次发射任务，具体情况如图表3－5所示，与2013年持平。除1颗俄罗斯通信卫星搭乘的“质子号”运载火箭发射失败外，其他发射均获得成功。但发射成功并非意味着对应的任务成功，如2014年8月，“联盟号”ST/“弗雷盖特”（Fregat）运载火箭未能将两颗“伽利略”导航卫星送入预定轨道。截至2014年底，该卫星的运营商欧洲航天局仍在评估卫星是否能够成功变轨[16]。

俄罗斯还拥有强大的商业卫星发射能力，长期担任国际空间站物资补给主体的重要角色，并且有相当大的国内民用及军用发射需求。俄罗斯主力火箭为“联盟号”系列火箭，其次为“质子号”。此外，俄罗斯还使用“第聂伯号”运载火箭，在两次发射活动中成功将43颗来自不同国家的卫星送入太阳同步轨道（SSO）。

2014年7月，俄罗斯在普列谢茨克发射场成功完成了“安加拉”运载火箭的亚轨道试飞。火箭在经过21分钟的飞行后，按预定计划落到俄远东地区的堪察加半岛。“安加拉”是第一种完全由俄罗斯独立研发的火箭，同时由于改用比较环保的RP-1航空煤油作为发射燃料，对环境的负担也较小。“安加拉”系列运载火箭的最新型号——“安加拉5号”预计可以携带24.5吨（约合5.4万磅）的质量进入近地轨道[17]。

3.2.1.3 中国运载火箭

2014年中国执行的16次航天发射任务全部成功，具体情况如图表3－6所示，比2013年增加1枚。任务涵盖“长征”（Long March）系列运载火箭执行的军用及民用任务。中国最新型号运载火箭之一预计于2014年首飞[18]。截至2015年年初的消息，“长征七号”和“长征五号”等其他新型火箭预计将于2016年发射[19]。

图表 3－5　2014 年俄罗斯发射活动

火箭								
	“安加拉 A5 号”	“第聂伯号”	“质子” M	“呼啸号”	“联盟 2 号”	“联盟” FG	“联盟” U	“天箭号”
2014 总发射量	1	2	8	2	10	4	4	1
2014 发射可靠性	1/1（100%）	2/2（100%）	7/8（78%）	2/2（100%）	10/10（100%）	4/4（100%）	4/4（100%）	1/1（100%）
2004—2014 发射可靠性	1/1（100%）	17/18（94%）	70/77（91%）	16/17（94%）	31/33（94%）	42/42（100%）	8/8（100%）	2/2（100%）
首次发射年份	2014	1999	2001	1994	2004	2001	1973	2003
2014 发射地点	普列谢茨克	栋巴罗夫斯基	拜科努尔	普列谢茨克	拜科努尔 普列谢茨克	拜科努尔	拜科努尔	拜科努尔
LEO 有效载荷按千克（磅）	24500（54013）	3700（8157）	23000（50706）	2150（4740）	4850（10692）	6708（14789）	6700（14771）	1700（3748）
GTO 有效载荷按千克（磅）	5400（11905）	—	6920（15256）	—	1700（3748）	1350（2976）	—	—

注：发射可靠性是通过分析特定火箭成功和失败发射数量确定的；任务结果（成功或失败）不用于计算火箭发射可靠性，且火箭图片不符合实物比例。

数据来源：航天基金会数据库。

图表3-6　2014年中国轨道发射情况

火箭							
	快舟	“长征二号”C	“长征二号”D	“长征三号”A	“长征三号”C	“长征四号”B	“长征四号”C
2014总发射量	1	4	2	1	1	4	3
2014 发射可靠性	1/1 （100%）	4/4 （100%）	2/2 （100%）	1/1 （100%）	1/1 （100%）	4/4 （100%）	3/3 （100%）
2004—2014 发射可靠性	2/2 （100%）	21/22 （95%）	18/18 （100%）	16/16 （100%）	11/11 （100%）	17/18 （94%）	16/16 （100%）
首次发射年份	2013	1975	1992	1994	2008	1999	2006
2014 发射站	酒泉	酒泉 太原	酒泉	西昌	西昌	太原	酒泉 太原
LEO有效载荷 按千克（磅）	400 （882）	3850 （8488）	1300 （2866）	—	—	2500 （5512）	4595 （10130）
GTO有效载荷 按千克（磅）	—	1250 （2756）	—	2600 （5732）	3800 （8378）	1500 （3307）	1500 （3307）

注：发射可靠性是通过分析特定火箭成功和失败发射数量确定的；任务结果（成功或失败）不用于计算火箭发射可靠性，且火箭图片不符合实物比例。

数据来源：航天基金会数据库。

3.2.1.4 欧洲运载火箭

欧洲在2014年进行的11次发射全部成功。“阿丽亚娜5号”重型运载火箭承担了大部分发射任务，不仅曾携带定位、导航、授时（PNT）卫星进入轨道，还将命名为“乔治·勒梅特号”的ATV-5送入太空执行国际空间站货运补给任务。“联盟号”ST从位于法属圭亚那群岛的库鲁航天发射基地进行了四次发射；“织女星”小型运载火箭也在2014年实施了一次发射。

3.2.1.5 日本运载火箭

日本在2014年成功发射了4枚运载火箭，成功将多种有效载荷送入预定轨道。事实上，日本的航天发射活动持续低迷，2012—2013年，年均增长仅1次。2014年日本发射的火箭均为H-IIA型，在种子岛宇宙中心执行发射任务。

3.2.1.6 印度运载火箭

印度在2014年进行了4次航天发射活动，均获得成功。前3次使用了印度太空研究机构制造的极轨卫星运载火箭（Polar Satellite Launch Vehicle，PSLV），成功将2颗定位、导航、授时卫星和1颗法国成像卫星分别送入地球同步轨道和极地轨道。印度的第4次发射活动将1颗通信卫星送入地球静止轨道，使用的是本国体型更大的地球同步卫星运载火箭（Geosynchronous Satellite Launch Vehicle，GSLV）。此外，2014年12月，印度还使用另一枚地球同步卫星运载火箭LVM3进行了首次亚轨道实验飞行[20]。这次发射中，LVM3型运载火箭搭载CARE模拟载人返回舱，进行了部分轨道飞行，上升到120千米的轨道高度后坠落解体[21]。与现有地球同步卫星运载火箭相比，LVM3将载荷送入轨道的能力得到了双倍提升。

3.2.1.7 其他国家和地区的运载火箭

经历了2013年“天顶（Zenit）”3SL运载火箭发射失利后，海上发射公司（Sea Launch）在2014年重整旗鼓[22]。2014年5月成功将欧洲卫星公司（Eutelsat）的卫星送入地球同步轨道[23]。以色列使用沙维特（Shavit）3级运载火箭在2014年4月将其最新型侦察卫星“地平线（Ofek）10号”送入预定轨道[24]。沙维特运载火箭可将500千克（约合1100磅）载荷送入极地轨道[25]，参见图表3-7。

图表3－7　2014年其他国家轨道发射

火箭							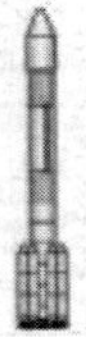	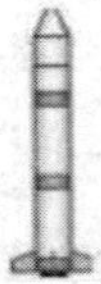		
	织女星	"联盟号" ST	"阿丽亚娜5号" ECA	"阿丽亚娜5号" ES	地球同步卫星运载火箭 MK. Ⅱ	极地卫星运载火箭 CA	极地卫星运载火箭 XL	"沙维特2号"	H－ⅡA	"天顶号" 3SL
2014 总发射量	1	4	5	1	1	1	2	1	4	1
2014 发射可靠性	1/1 (100%)	4/4 (100%)	5/5 (100%)	1/1 (100%)	1/1 (100%))	1/1 (100%)	2/2 (100%)	1/1 (100%)	4/4 (100%)	1/1 (100%)
2004—2014 发射可靠性	3/3 (100%)	10/10 (100%)	46/46 (100%)	5/5 (100%)	1/2 (50%)	10/10 (100%)	7/7 (100%)	1/1 (100%)	20/20 (100%)	23/25 (92%)
首次发射年份	2012	2011	2002	2008	2010	2007	2008	2014	2001	1999
2014 发射地点	库鲁	库鲁	库鲁	库鲁	安得拉邦	安得拉邦	安得拉邦	帕勒马希姆	种子岛	奥德赛太平洋发射平台
LEO 有效载荷按千克（磅）	2300 (5071)	4850 (10692)	21000 (46297)	21000 (46297)	5000 (11023)	2100 (4630)	1800 (3968)	300 (661)	10000 (22046)	—
GTO 有效载荷按千克（磅）	—	3250 (7165)	9500 (20944)	8000 (17637)	2500 (5512)	—	1140 (2513)	—	6000 (13228)	6160 (13580)

注：发射可靠性是通过分析特定火箭成功和失败发射数量确定的；任务结果（成功或失败）不用于计算火箭发射可靠性，且火箭图片不符合实物比例。

数据来源：航天基金会数据库。

3.2.2 亚轨道运载火箭

事实上，并非所有的运载火箭均为轨道航天器，多数实际上属于亚轨道航天器。与轨道航天器相比，亚轨道运载火箭既不需要入轨的速度要求，也无须处理火箭从大气层返回时的热防护问题，可以设计得更轻便、结构更简单，造价也更低廉。此外，由于亚轨道航天器仅需在太空中停留数分钟，与载人飞船的几天或几星期相比，无需类似的生命维持系统。

伊朗便有利用亚轨道火箭进行测试的例子。该国在2013年12月成功利用Kavoshgar-ePazhuhesh运载火箭将第2只活猴送上距地面120千米（约合75英里）的亚轨道高度，15分钟后安全返回地面。猴子、太空舱以及运载火箭都是伊朗实现2024年载人航天计划的一部分[26-28]。

无人亚轨道火箭的尺寸及运载能力各不相同，从小型单级火箭（可携带几十千克重量到达160千米的高度）到大型多级火箭（可携带载荷到达1600千米的高度）。如果客户仅需火箭达到几秒的微重力状态，或只需到达外大气层而非地球轨道，则通常选择探空火箭[43]。探空火箭可从世界各地的几个地点发射，最著名的探空火箭发射场是位于美国东海岸的美国国家航空航天局沃洛普斯（Wallops）飞行中心，自1940年起，已发射14000多枚火箭。

3.2.2.1 亚轨道可回收运载火箭的发展

亚轨道可回收运载火箭及相关技术在2014得到了长足进步。欧洲航天局宣布，基于特殊的轨道情况及“织女”火箭发射需要，需要更长时间对系统进行测试及研究，推迟原定“过渡试验飞行器”（Intermediate eXperimental Vehicle，IXV）的发射计划[29]。欧洲航天局计划于2015年初进行“过渡试验飞行器”试验，验证自主返回相关技术。美国国防高级研究计划局（DARPA）2014年选定波音、麦斯登太空系统和诺斯罗普·格鲁曼3家公司分别研发被称为“试验性太空飞机1号”（Experimental Spaceplane，XS-1）的可重复使用无人飞行器[30]，预计2015年年中完成设计工作，最终目标为制造可重复使用的亚轨道飞行器，且单次发射成本仅500万美元[31]。

私人公司也在积极开发可回收的亚轨道飞行器。英国维珍银河（Virgin Galactic）公司在2014年试飞了载人的亚轨道“太空船2号”（SpaceShip Two），但2014年10月31日，“太空船2号”进行第二次试飞，飞船在飞行途中坠毁，事故导致2名飞行员中1名遇难、1名重伤[32]。尽管发生了悲剧，维珍银河的700名客户仍旧继续预订了“太空船2号”的座位，且票价高达

25 万美元[33]。维珍银河的可回收载人太空船的竞争对手——XCOR 航天航空公司透露，旗下的“山猫”（Lynx）飞船将于 2014 年 12 月进入最后生产阶段[34]。从 2016 年起，XCOR 的目标是每天提供 4 个航班，每个座位售价 9.5 万美元。

2014 年 7 月，小型火箭设计公司 Generation Orbit Launch Services 在佛罗里达州杰克逊维尔（Jacksonville）宇航中心测试了亚轨道飞行器舰载机。该公司计划使用“湾流”商务机等小型客机携带“GOLauncher1”火箭，火箭与客机分离后在亚轨道高度飞行，完成使命后借助降落伞返回地球。被 EXOS 航空航天系统和技术公司收购的 Armadillo 是另一家致力于开发亚轨道载人运载火箭的美国公司。EXOS 接收了 Armadillo 的全部技术，专注研究亚轨道火箭，计划开发可重复使用，并使用降落伞返回地球的 SARGE 亚轨道火箭。EXOS 计划使用 Spaceport America 太空港作为 SARGE 火箭的发射地[35]。

3.3 空间站

与卫星作为安装有用设备的平台截然不同，空间站为永久性或半永久性基地。宇航员不但可以空间站为基地，利用微重力和真空条件在空间中进行科学研究。空间站还将作为地球轨道外空间为宇宙飞船等提供休息、加注燃料和集合的场所。

3.3.1 国际空间站

自 1998 年俄罗斯“曙光号”功能舱（Zarya module）发射至 2013 年底，美国国家航空航天局在国际空间站上的耗资已达 744 亿美元，其中近一半用于航天飞机执行国际空间站建设和货物补给任务[36]。虽然美国国家航空航天局已在 2014 年 1 月确认，维持国际空间站的运营至 2020 年有助于执行外层空间探索任务，但自宣布之日起至 2024 年，预计每年支出费用将达 30 亿美元[37]。

国际空间站不仅是人类太空活动的枢纽和中转站，也担负着卫星部署的任务。2014 年，国际空间站上的工作人员使用多种方式成功将 47 颗小卫星送入地球轨道。如果 8 月份立方体卫星（cubesats）3 个预定部署装置中的 1 个未出现为期近 5 个月的机械故障，国际空间站实际释放的卫星将远高于目前数量[38]。

为了维持空间活动，需要定期向国际空间站运送货物并对宇航员进行轮换，因此载人航天相关发射量远远大于一般航天发射量，1995—2014 年入轨航天器质量如图表 3-8 所示（见彩图），其中 2014 年发射数量和质量具体如

图表3－9所示（见彩图）。来自日本、欧洲、俄罗斯和美国的多种航天器均执行过国际空间站货运补给任务，美国是唯一一个采用两种航天器向国际空间站提供补给的国家。美国国家航空航天局通过商业轨道运输服务（Commercial Orbital Transportation Services，COTS）计划成功向国际空间站提供了安全可靠且成本低的运输服务，但该计划已于2013年结束。COTS计划始于2008年，在该计划中，美国国家航空航天局的商业合作伙伴SpaceX公司和轨道科学公司开发的火箭和飞船分别在2012年和2013年10月，完成了向国际空间站的验证性飞行，这也是2011年航天飞机退役后美国首次具备向国际空间站运送货物的能力[39]。由于这两家公司的相互补充，轨道科学公司2014年10月执行的一次国际空间站补给任务失败并未影响SpaceX公司的发射计划[40]。

与退役航天飞机相比，两家公司实施国际空间站补给任务的单位成本更低。航天飞机一个全寿命周期能够携带1594吨（约350万磅）货物进入太空[41]，而根据商业补给服务（CRS）计划的规定，SpaceX和轨道科学两家公司合计共携带40吨（约合88200磅）货物抵达国际空间站。考虑到系统开发和项目成本，使用航天飞机携带载荷进入太空，每吨成本约1.31亿美元（约合每磅计59714美元）；根据商业补给服务和商业轨道运输服务计划，这两家公司提供的国际空间站货运补给任务价格为每吨1.09亿美元（约合每磅48889美元）。美国国家航空航天局于2014年2月发布了新的商业补给服务合同CRS2需求[42]。

3.3.2 中国空间站

有观察人士指出，作为除国际空间站以外唯一的空间站，中国的“天宫一号”原计划于2011年9月发射两年后离轨，但实际上至2014年仍在轨运行[43]。虽然中国在2014年未将任何宇航员送入本国空间实验舱，但已表示将在2022年前建设一个可全维操作的轨道空间站，实现该目标的第一步便是在2016年的某个时候发射“天宫二号”空间实验室[44]。

3.4 卫星

根据美国忧思科学家联盟统计的数据，截至2014年底共有1235颗卫星在轨运行[45]。各类型轨道上航天器质量总数如图表3－10所示（见彩图），各国在轨航天器质量分布如图表3－11所示（见彩图）。其中占总数53%的655颗卫星位于近地轨道，即距地面200～2000千米高度。由于该轨道上的卫星能够执行多样化任务，且发射成本相对较低，因此成为卫星最密集的轨道。此外，

35786 千米高度的地球静止轨道上运行着 458 颗卫星，这种轨道上的卫星绕地球运转的角速度与地球自转的角速度相同，因此从地面上看好像是静止的。许多人造卫星尤其是通信卫星，多采用这种轨道。截至 2014 年，地球静止轨道上运行着的 458 颗卫星中，有 330 颗为民用通信卫星。除通信卫星外，执行气象、遥感、预警、导航等任务的卫星通常也位于该轨道。中轨道的轨道高度介于近地轨道和地球静止轨道之间（2000~35785 千米），该轨道上运行的 85 颗卫星几乎全部属于定位、导航和授时（PNT）卫星。GPS 全球定位系统、“伽利略”系统、“格洛纳斯”和“北斗”卫星导航系统的所属卫星，都运行在该轨道上。其余 37 颗卫星位于大椭圆轨道，如轨道倾角为 63.4 度的大椭圆轨道（即莫尼亚轨道，或称闪电轨道），其自转周期为半个恒星日，即每 12 小时重访 1 次。[46]

所有类型的卫星都由不同功能的若干系统组成。2014 年，共有 296 个航天器被送入轨道（含卫星和其他类型有效载荷），各主要航天国家和组织 2014 年发射航天器数量和质量如图表 3－12 所示（见彩图），较 2013 年的 215 个，同比增长 38%。79% 的航天器被送入近地轨道；若不包含小于 10 千克（22 磅）的纳卫星，则 60% 的航天器被送入近地轨道。2000—2010 年，全球年平均发射 108 个航天器。由于近几年来纳卫星发射迅猛增长，这一数字在近几年得到了大幅提升。2013 年共有 87 颗纳卫星发射升空，占当年所有被送入轨道的航天器的 40%，但仅占总发射次数的 0.05%。2014 年，纳卫星占比更是上升到 46%。截至 2014 年，大多数纳卫星仍由高校制造并用于技术验证和业余无线电，但这种局面在 2014 年被打破。越来越多的公司开始将纳卫星用于商业目的，其中最多产的是美国 Planet Labs 公司，在 2014 年共发射了 71 颗重量为 5 千克的近实时成像“鸽子号”卫星。

从世界范围内看，各用途航天器的发射数量和质量如图表 3－13 所示（见彩图）。重量大于 10 千克的卫星大多为提供通信、导航、地球观测及气象预报等各种服务的卫星。2014 年被送入轨道的 161 颗卫星中，大于 10 千克的 105 颗均为提供各种服务的卫星；其余 56 颗卫星中，15 颗归属载人航天领域（为国际空间站服务和“猎户座”飞船试飞），18 颗实施技术测试，11 颗执行科学研究任务，10 颗用于军事目的，2 颗为其他任务。由于空间运输和载人航天的需求影响，“联盟号”、“进步号”、“龙”飞船、“天鹅座”和“猎户座”飞船等 15 艘航天器便在 2014 年合计将 126 吨的载荷带入太空，与此相比，105 颗卫星的总质量仅为 187 吨。

3.4.1 通信

通信卫星用于收集、中继或广播音频、视频或其他信息数据。按卫星轨道不同可以进行分类，绝大多数卫星属于地球同步轨道卫星或近地轨道/中轨道的大型星座。位于地球同步轨道的卫星通常质量较大，配备大型天线，可覆盖地球上较广阔的区域。2014 年发射的所有地球同步轨道通信卫星的平均质量达 3900 千克（8600 磅）。卫星星座由多颗质量为 100～800 千克（220～1760 磅）的中低轨小卫星组成，也能够实现全球覆盖。此外，也有通信卫星在大椭圆轨道运行，例如俄罗斯“子午线”（Meridian）卫星，但这种卫星并不常见，因此对全球太空活动的影响有限。2014 年共有 27 颗地球同步轨道通信卫星（4 颗用于军事、23 颗用于民用）和 21 颗星座卫星（8 颗为中轨道、13 颗为近地轨道）成功部署到太空。

地球同步轨道通信卫星体型最大，占 2014 年发射航天器总质量的 30%（若不包含与载人航天相关的飞船，则这一比例将上升至 46%），地球同步轨道航天器总质量的 84%。自 1985 年起，地球同步轨道通信卫星的平均质量稳步增长，当时的平均质量为 1300 千克（2870 磅），2005 年已达 4550 千克（10030 磅）并趋于稳定。未来，通信卫星质量的进一步增长受限于火箭的有效载荷能力。早期卫星使用化学推进系统，其化学推进系统质量占卫星总重量的 40%，未来几年内通过提升卫星电力推进系统的性能，也可将体型更大的通信卫星送入地球同步轨道。

1995—2014 年，虽然地球同步通信卫星的年发射量相对稳定，年平均发射 22 颗民用卫星，但如果用 36 兆赫兹（MHz）转发器功率来衡量总在轨能力的话，则自 2000 年来提升了 93%，如图表 3－14 所示（见彩图）。其中，Ku 波段的大幅增长最为引人注目，15 年来主要用于电视广播的 Ku 波段总通信容量从 2000 年的 119 千兆赫上升到 2014 年的 270 千兆赫。如图表 3－15 所示（见彩图）。

21 世纪初出现的新型高通量卫星（High Throughtout Satellite），如其技术本质上可提供每秒 120 吉比特（Gbps）的高宽带通信能力。与此相比，一颗常规地球同步轨道卫星能提供的最大广播服务仅有每秒几个吉比特。快速增长的高通量卫星（HTS）通信容量如图表 3－16 所示（见彩图）。

过去 20 年来，无航天产业国家对空间无线电通信需求迅猛增长，超过 40 个不同国家采购了通信卫星。卫星通信市场已呈全球性，对卫星的需求也更顺应时代潮流。与其他航天产业不同，空间通信的需求主要集中在私营企业，生产能力依然集中在美国、欧洲、俄罗斯、中国、印度和日本等少数国家和地区，如图表 3 - 17 所示（见彩图）。

3.4.2 定位、导航与授时

作为最重要的基础设施之一，定位、导航与授时（PNT）系统的军事和商业价值已得到广泛认可。以智能手机为代表的电子设备的迅猛应用更将定位、导航与授时服务从政府层面延展至个人消费者。鉴于这种趋势，系统拥有者和操作者的地位受到普遍关注，系统发生关闭、损坏或提供“不对等”的定位、导航与授时信息，也将对人们的日常生活产生重要影响。尽管美国确认其全球定位系统在即将到来的全球定位、导航与授时增长时代，仍将继续向所有用户提供服务，但世界其他国家和地区也已决定发展本国的定位、导航与授时星座。截至 2014 年底，世界上已有 6 个国家和地区拥有定位、导航与授时系统，美国、俄罗斯、欧盟和印度也在当年对其系统进行了升级，具体情况如图表3 - 18 所示。

图表 3 - 18　2014 年 12 月世界定位、导航及授时系统

	中国	欧洲	印度	日本	俄罗斯	美国
定位、导航及授时系统						
系统名称	“北斗”	“伽利略”	印度区域导航卫星系统（IRNSS）	准天顶卫星系统（QZSS）	“格洛纳斯”（GLONASS）	全球定位系统（GPS）
最小星座要求	35	27**	7	4†	21††	24†††
当前运营星座	16*	4***	3	1	24	30
运营日期	2011	2015	2016	2017	2011	1995
覆盖范围	2011 年开始组网，2020 年实现全球覆盖	2015 年具备初始能力，2020 年实现全球覆盖	南亚	日本	全球	全球
增强系统						
系统名称		欧洲地球静止轨道卫星导航重叠服务（EGNOS）	GPS 辅助型地球静止轨道增强导航系统（GAGAN）	多功能卫星增强系统（MSAS）	俄罗斯差分校正和监测系统（SDCM）	广域增强系统（WAAS）

（续表）

	中国	欧洲	印度	日本	俄罗斯	美国
增强系统						
最小星座要求		3	3	2	3#	3
当前运营星座		3	2	2	3	3
运营日期		2009	2014	2007	2014	2003
覆盖范围		欧洲	南亚	亚洲/大洋洲	近全球	北美洲

注：*包括2个在轨零件；**不包括3个在轨零件；***不包括2颗未进入预定轨道的卫星；†原计划发射3颗卫星，但2013年3月扩大到4颗；††不包括3个轨道零件；†††包括3个活动零件；#不包括1个在轨零件。

数据来源：航天基金会数据库。

美国：美国发射了4颗GPS IIF卫星以取代20世纪90年代发射的GPS IIA卫星[47]，但GPS的卫星数量不变，仍维持2013年起的30颗的规模[48]。目前GPS星座的三分之一为新型GPS IIF卫星[49]。2014年10月，考虑到当前GPS星座的健康状况，联合发射计划评审委员会（CLSRB）决定将GPS III卫星的发射计划从2015年推迟到2017年[50]。

俄罗斯：俄罗斯于2014年发射了3颗“格洛纳斯”卫星，保持了24颗卫星的规模。但“格洛纳斯”系统也面临一些挑战：2014年4月1日，该系统突发11小时的全球性错误，报道位置误差为200千米（124英里），失去导航功能[51]。虽然此次故障对使用“格洛纳斯”服务的商业用户未造成重大损失，但部分用户吸取此次事件的经验，开始选择其他备用定位、导航与授时系统[52]。俄罗斯还发射了两枚升级版“格洛纳斯”K2卫星，并制订了后续发射计划。但由于乌克兰政局紧张导致美国发起国际制裁，禁止向俄罗斯供应航天电子元器件，俄罗斯被迫将发射“格洛纳斯”K2卫星的计划延长至2015年[53]。此外，俄罗斯还试图通过与中、美等国进行交易以扩大“格洛纳斯”系统的地面基础设施[54]。“格洛纳斯”系统目前拥有23个地面监控站，其中19个位于俄罗斯境内。俄希望未来能够在世界各地部署40~50个监控站，中国已同意俄在其境内建设数个地面站的请求，但此请求遭到了美国的拒绝[55]。

欧洲：欧盟的“伽利略”系统原定2014年投入运营，并在年底形成6颗组网的规模。但由于2014年8月两颗关键的“伽利略”卫星（Sat 5和Sat 6）

未能进入预定轨道导致整个计划被迫推迟[56]。2014 年 10 月，欧洲将 Sat 5 转移到圆形轨道，并用于导航任务[57]。一旦运营商确认 Sat 5 的拯救计划成功，他们将为 Sat 6 尝试实施类似的计划。

印度： 印度在 2014 年发射了 2 颗区域导航卫星系统（Indian Regional Navigational Satellite System，IRNSS）卫星，继续本国的 IRNSS 系统发展计划[58]。区域导航卫星系统计划发射 7 颗卫星，截至目前有 3 颗卫星在轨。此外，印度还有计划发展本国卫星导航定位系统的增强型系统——GPS 辅助型地球静止轨道增强导航系统（GAGAN），并已于 2014 年开始运行。与美国的广域增强系统（WAAS）等系统的原理类似，GAGAN 有望为孟加拉湾、东南亚、印度洋、中东和非洲地区提供精准的导航服务[59]。印度向邻国提供该系统以抵消中国的影响力[60]。

中国： 2013—2014 年，中国“北斗”导航系统的卫星发射活动并不密集，原定 2014 年发射的“北斗二号”导航卫星星座 3 期发射活动延迟至 2015 年。其中 6 颗卫星将发射至中轨道，5 颗发射至地球同步轨道，其余 5 颗将发射至倾斜的地球同步轨道。所有 16 颗卫星旨在为中国及周边地区提供定位、导航及授时服务。中国计划到 2020 年拥有 40 颗“北斗”组网卫星，实现全球覆盖[61]。

日本： 日本宇宙航空研究开发机构（JAXA）于 2010 年 9 月成功发射“准天顶”（QZSS）系统的首颗卫星，2014 年度继续进行了操作和运行测试等活动。由于日本特有的峡谷和山地地形，传统的 GPS 等系统信号在日本传输不畅，信号强度也被迫衰减。“准天顶”系统利用轨道倾角与卫星在轨停留时间，将有助于星载设备更好地接收 PNT 信号。日本宇宙航空研究开发机构预计将至少发射 3 颗卫星来提高该系统的精度[62]。

3.4.3 遥感和地球观测

通信卫星将信号从地球上一点传输到另一点；导航、定位与授时卫星将信号发送至陆地上的接收器；遥感卫星则从地球表面收集各种信号源，转化为目标数据后发送给地面固定观测者。遥感卫星可提供地表的详细图像，并从太空收集海洋温度、植被覆盖度或污染程度等各种数据。从为谷歌地球提供图像服务到追踪战场上敌人的动向，这些遥感卫星具备民用、科学和军事等多种用途。由于陆地成像、地球科学和气象卫星传回的图像数据兼具军民两用，因此部分遥感卫星被认为具备双重用途。

3.4.3.1　陆地成像

简言之，陆地成像卫星就是利用光学和电子成像设备观测、监控和追踪地球资源和环境变化的系统。划分地球观测卫星的三个指标分别为：地面分辨率、携带的传感器类型（光学相机、合成孔径雷达或各种类型的红外和电子成像设备）以及重访周期（即卫星经过同一个星下点的时间间隔）。这些由商业机构和政府运营的卫星不仅可为用户提供数据传输等基本服务，还能应特定客户的需求提供相应服务。

陆地成像卫星的分辨率差异较大。高分辨率陆地成像卫星的地面分辨率可达4米（13英尺），每个像素0.31米（1英尺），可清楚辨认人行横道线和井盖等尺寸目标[63]；中等分辨率卫星的像素通常为4～10米（13～33英尺），可辨认房屋的基本情况；低分辨率成像卫星的分辨率大于10米（33英尺），可辨认城市、农业、森林等。

2014年全球发射的246颗卫星中，35%用于执行地球观测和遥感任务。超半数地球观测卫星的发射和运营归属于美国卫星运营商和新型卫星图像创业公司Planet Labs。Planet Labs发射了大量西瓜大小、重量小于5.5千克（12磅）的立方体纳卫星，将近乎实时的卫星图像传回地球，其卫星部署方式有两种：从国际空间站释放或由运载火箭（如俄罗斯“第聂伯”或美国的“安塔瑞斯”火箭）携带进入太空[64]。虽然2014年10月“安塔瑞斯”火箭发射失败，Planet Labs损失了26颗卫星[65]，但该公司称，仍将继续使用多种发射系统携带纳卫星进入太空[66]。

天空盒子成像公司（Skybox Imaging）是美国卫星成像领域的新锐力量，它的主要业务是生产卫星和部署数据中心，并记录和提供地貌详图及高清视频。该公司曾发布由商用遥感卫星拍摄的世界首个高分辨率高清地球视频，在为其Skysat-2卫星加装二次成像设备并将其发射升空后，于2014年8月被谷歌收购[67]。但其实早在2014年6月，谷歌便透露计划花费10亿美元发射至少180颗低轨通信卫星，为世界上所有偏远地区提供互联网接入服务，表明这家搜索巨头对太空的兴趣与日俱增[68]。另一家老牌的美国卫星成像运营商数字地球公司（Digital Globe）在2014年8月成功发射WorldView-3卫星，使其拥有的星座成像卫星数量达到6颗[69]。美国商务部于2014年7月取消数字地球公司不能对非美国政府客户出售高分辨率图像的限制，允许其出售Worldview-3最高分辨率图像[70]。商业成像公司全源分析公司（Allsource Analysis）于2014年7月开始向公众提供以往只开放给政府机构的成像分析服务[71]。一张图像胜过千言万语，而公众对此也很感兴趣。

2014 年，美国开始允许数字地球公司出售其最新版 WorldView-3 的最高分辨率图像。上下图分别为 70 厘米（28 英寸）分辨率和更清晰的 30 厘米（12 英寸）分辨率。（数字地球公司供图）

其他国家也正在发展本国的地球观测卫星星座，有些国家则刚刚进入该领域。Astrium Services 是来自欧洲的中等分辨率卫星图像服务提供商，旗下的 SPOT 系列卫星像素尺寸为 1～10 米（3～33 英尺），2014 年 6 月成功发射最新型 SPOT 7 卫星[72]。SPOT 光学卫星星座包含 3 颗成像卫星，也可作为欧洲其他空间星座的补充，如欧洲航天局的“哥白尼”（Copernicus）地球观测项目[73]。“哥白尼”项目收集的数据将用于欧洲发展环境立法、政策支持并实施紧急援助等[74]。哈萨克斯坦 Gharysh Sapary 股份有限公司在 2014 年将分辨率分别为 1 米和 6.5 米的两颗地球观测卫星 KazEOSat 送入太阳同步轨道[75]。这两枚卫星旨在为哈萨克斯坦政府进行国家政策和决策制定提供信息支持。俄罗斯在2014年12月发射了一枚Resurs-P地球观测卫星，使其太阳同步轨道上的成像卫星数量达到2颗[76]。

3.4.3.2　气象

气象卫星是遥感卫星中数量最庞大的群体，它们综合使用光电、大气、重力分析、合成孔径雷达（SAR）等传感器载荷测量大气状态、大气组分。大多数气象卫星位于地球同步轨道或极轨近地轨道，通常由国家运营，用于预报近期天气并制作长期气候模型。但由于政府预算日渐吃紧，以气象预报为主的各机构要在资金削减的情况下继续维持现有状态，不得不依赖可靠的旧有模式。这种模式虽然可采用数据准确性更高的新型设备，但有限的数据采集能力却严重制约新方案的引入。随着现有气象卫星临近使用期限，进一步提升了引入商业机构参与该行业的紧迫性。

日本H-IIA火箭携带“全球降水测量核心气象卫星”在JAXA种子岛宇宙中心升空，该卫星可观测并收集全球范围内的雨雪等降水情况信息。(NASA供图)

2014年1月，美国国会通过多项财政措施来全面资助“联合极轨卫星系统”（Joint Polar Satellite System，JPSS）计划，拨出8.24亿美元，批准美国国家海洋和大气管理局（NOAA）购置航天器或设备保障对极地轨道覆盖的连续性。JPSS为已取消的美国国家极轨运行环境卫星系统（NPOESS）项目重组后的民用部分，NPOESS项目则为原民用极轨环境卫星计划（POES）和军用国防气象卫星计划（DMSP）的整合方案。美国国家海洋和大气管理局原计划于1998年取得原属于商务部的DMSP项目卫星控制权，美国空军将继续维持突发事件时对该项目卫星的备用指挥和控制权力[77]。2014年，美国国家海洋和大气管理局共发射和运营22枚气象卫星，其中18枚进入近地轨道。

2014年，全球的气象和航天机构共发射和运营了8枚新的气象卫星。日本和美国于2014年2月联合发射“全球降水测量（Global Precipitation Measurement，GPM）核心气象”卫星，成为由美国、日本、法国、印度和欧洲航天及气象机构联合研发的国际气象观测星座的重要组成部分。该卫星可对降水粒径分布进行详细观测和分析，能够显著提高降水预报的准确率[78]。随着“嗅碳”卫星“轨道碳观测者2号”（OCO-2）在2014年7月发射至近地轨道，正式启动原定于2009年开始的温室气体观测任务。“轨道碳观测者”是美国国家航空航天局第一颗专门用于研究和观测地球大气层中二氧化碳含量的卫星，它传回的数据将有助于绘制更精确的地球气候模型[79]。

3.4.4 军事卫星

2014年，全球活跃的军事卫星数量增加到275颗，其中39颗为当年发射。军事卫星既可同民用卫星一样实施通信或遥感等活动，也可用于执行导弹发射探测和预警等特殊任务。但军事卫星在操作活动上与商业活动存在较大差异。如美国空军在培训特定航天系统的操作员时，不仅要求操作员必须精通专业技术知识，还须遵循不同的任务标准和重点。

3.4.4.1 军事通信

全球性专用安全通信网络对政府、军事部门及世界各地的各种组织机构至关重要。提高带宽容量，尤其是非商用保密频段的容量，将继续推动军用通信卫星系统的建设。美军2014年同国际通信卫星组织和SES等商业运营商签订协议，由这些机构为美军提供军事通信服务，但因价格昂贵且服务陈旧而饱受诟病。通常情况下，短期租赁卫星转发器的价格较高。国防信息系统局（Defense Information Systems Agency，DISA）于2014年11月宣称，每年平均支出近10亿美元用于商业卫星租赁及其服务[80]。2014年3月，美国空军发布租赁商用地球同步轨道卫星支持美军在非洲作战行动的投标草案[81]，并于同年6月授予SES为期一年的800万美元的服务合同，外加延期一年的选择权[82]。此类合同将为美军以更经济的手段购买通信服务提供多种选择。

美国也依赖宽带全球卫星通信系统（Wideband Global SATCOM，WGS）等军用系统为美国和盟友及伙伴国提供专用通信服务。宽带全球卫星通信系统的星座由6颗X波段和Ka波段的地球同步轨道卫星组成，预计总价为12亿美元，后续计划为发展10颗卫星的规模，总价将达41亿美元[83]。截至2014年5月，尽管美国空军计划为宽带全球卫星通信系统投资40亿美元，但同时也努力从国际合作伙伴处寻求对该计划的资助[84]。部分网络体系由澳大利亚、加拿大、丹麦、卢森堡、荷兰和新西兰等国出资建设，这些国家同时也获得了接入星座的权利[85]。如澳大利亚对 WGS-6 卫星投资 7 亿美元，将可访问全部 10 个军用接口。美国也计划于 2015 年的某个时候发射 WGS-7 卫星。

先进极高频卫星项目（Advanced Extremely High Frequency，AEHF）在 2014 年获得美国空军的继续资助，该项目在 2014 年研发资金充裕，可于次年发射 2 颗以上先进极高频卫星。一旦发射成功，由 6 枚卫星组成的星座将取代于 2003 年 4 月完成发射的“军事星”（Milstar）通信系统[86]，为地面、海上和空间资产提供新一代安全可靠的抗拥塞抗干扰高功率保密通信服务。整个系统预计 2022 年完成部署，比原计划延后 14 年[87]。系统承包商洛克希德·马丁公司希望该系统在 2015 年中期达到初始作战能力[88]。

移动用户目标系统（Mobile User Objective System，MUOS）满足了美军在特高频段（UHF）对窄带受保护通信的需求。该系统主要为美军及其盟友的作战部队和政府机构提供类似民用手机的 3G 网络服务，只要使用新型移动终端，便可享受升级的同步语音、视频和数据传输服务。该系统的 6 颗卫星中，2 颗已于 2013 年发射，第 3 颗 MUOS 卫星预计 2015 年年初发射[89]。

欧洲国家中，只有法国、德国、意大利、西班牙和英国等 5 国具备或拥有军事通信能力。但有时，这 5 国同其他欧盟国家一样，也需要从商业卫星通信运营商处购买通信服务。拥有 27 个成员国的欧洲防务局（European Defence Agency，EDA）致力于通过建立统一的欧盟卫星通信市场（EU Satellite Communications Market），达到降低成本并同时满足成员国需求的目标。政府卫星通信（Governmental Satellite Communication，GovSatCom）协议是欧洲防务局旨在为成员国和其他欧洲国家提供卫星通信服务的新举措[90]。

3.4.4.2　导弹探测

导弹探测和预警卫星最初出现于四十多年前，是用于监视和发现敌方战略弹道导弹并发出警报的侦察卫星。它们利用复杂的系统和技术监测全球范围内的潜在威胁，如测定弹道参数、判定导弹将要攻击的目标等。

美国目前拥有的导弹预警卫星主要用于以下四个任务领域：导弹预警、导弹防御、技术情报和战场态势生成[91]。美国空军的国防支援计划（Defense Support Program，DSP）和新一代天基红外系统（Space Based Infrared System，SBIRS）所属卫星均采用红外探测技术跟踪和监视全球范围内的导弹发射活动。持久性概念，即在全世界范围内进行不间断监视的能力，则由导弹预警卫星的星座结构赋予。对敏感区域进行持久监测也催生了另外一个星座，即高空持久性红外监视（Overhead Persistent Infrared，OPIR）系统的诞生。

在高空持久性红外监视系统中，部分卫星位于地球同步轨道，用于对地表特定区域进行监测；其余卫星在半同步“闪电”轨道上运行。天基红外系统由 6 颗卫星组成，4 颗卫星位于地球同步轨道，2 颗卫星携带大椭圆轨道载荷运行于“闪电”轨道。截至 2014 年底，已有 2 颗 SBIRS 地球同步轨道卫星和 2 颗 SBIRS 大椭圆轨道有效载荷在轨运行，与上一代国防支援计划卫星协作执行导弹预警卫星的四大任务。预计 2020 年美国还将发射两颗天基红外系统地球同步轨道卫星[92]。

美国空军继续开展一项始于 1995 年用于整合高空持久性红外监视卫星所有数据的计划，并计划 2015 年 3 月开发一个新的地面系统和测试多系统命令传输装置。被称为“增量 2”的新系统能够传输和接收来自每颗高空持久性红外监视卫星的命令（可能是遥测卫星），包括 DSP，SBIRS HEO，以及 SBIRS GEO[93]。“增量 2”旨在取代 3 个独立的地面软件和硬件系统，以将美国空军（USAF）导弹预警操作集成到单个任务控制站。由于原计划仅针对天基红外系统进行升级，不包含国防支援计划，此次将“国防支援计划”（DSP）卫星的运营集成到“增量 2”计划，表明美国空军认为，“国防支援计划”卫星未来仍将在导弹预警任务中扮演重要角色。

国防部长办公室 2005 年发布的报告显示，在弹道导弹发射预警领域，“天基红外系统”比“国防支援计划”响应时间更短，数据也更精确。该报告还指出，由于地面处理能力突出，预计美国空军“增量 2”计划完成后，“实时战场态势生成将成为天基红外系统未来可大显身手的领域。[94]”

商业寄宿红外有效载荷（Commercially Hosted Infrared Payload，CHIRP）是美国空军用于战略预警的军用红外传感器，曾安装在卢森堡 SES 公司的 SES-2 通信卫星上并随之进入轨道进行演示验证。自 2011 年开始，CHIRP 采用“宽视场凝视技术”（wide field-of-view staring technology）收集来自高空持久性红外监视系统的数据，并对 70 次火箭和导弹发射事件和 150 次其他事件进行了分析[95]。2013 年 12 月，迫于预算压力，美国空军终止了该计划，同时表示已完成所有任务目标。CHIRP 后续未进入“有效载荷解决方案”（Hosted Payloads Solutions，HoPS）计划，将继续使用其他商业卫星搭载有效载荷[96]。

截至 2015 年初，俄罗斯仍未能启动“眼睛”（Oko）导弹预警卫星系统的发射。该系统最后发射的两枚位于大椭圆轨道的卫星于 2015 年失灵，最后一枚发射的地球静止轨道卫星也在 2014 年中由于动力发生故障停止工作[97]。“眼睛”导弹预警卫星星座由 6 颗卫星组成，部署于大椭圆轨道和地球静止轨道上。该系统的后续为“冻土”（Tundra）计划，原定于 2013 年发射，但因技术问题被一再推迟至2015年7月[98]。

3.4.4.3　导弹防御

美国导弹防御局（MDA）的两颗发射于2009年9月的“空间跟踪与监视系统-验证”（Space Tracking and Surveillance System-Demonstrator，STSS-D）卫星，于2014年继续在距离地面1350千米（840英里）的轨道上运行[99]。STSS-D卫星可对导弹采取类似“双声道”的方式进行跟踪（即两颗卫星的红外有效载荷同时跟踪并提供同一个目标数据），可从发射到再入大气层一直跟踪，并将引导数据实时传送给导弹防御局的弹道导弹防御系统（Ballistic Missile Defense System，BMDS），该系统通过网络将许多不同传感器和武器链接在一起。测试中，STSS-D卫星提供的数据帮助美国海军“宙斯盾”舰对来袭导弹成功实施拦截[100]。

STSS-D卫星在测试中的表现将对未来美国导弹防御局实施空间作战行动产生积极影响。由于“空间跟踪与监视系统”的主要目标是为开发弹道导弹防御系统后续的天基系统提供实验数据，而现有STSS系统便能提供类似服务，且经济可承受性更高，因此，导弹防御局在2014年砍掉了原拟开发的红外导弹探测和跟踪系统——“天基精确监视系统”（Precision Tracking Space System，PTSS）预算，将该项目的资产和人员与“空间跟踪与监视系统”进行了整合[101]。

导弹防御局的第三颗作战卫星为“近场红外试验”（Near Field Infrared Experiment，NFIRE）卫星。该卫星于2007年4月升空进入近地轨道，携带包括红外可见光摄像机和激光通信终端（Laser Communications Terminal，LCT）在内的多种有效载荷。NFIRE卫星携带的激光通信终端由德国提供，在试验过程中，该卫星与配备同样激光通信终端的德国“TerraSAR-X”合成孔径雷达成像卫星进行了星间链路通信。此外，导弹防御局还利用卫星可见光和红外成像载荷搜集运载火箭与导弹释放的羽焰，并区分弹道导弹火焰羽流和导弹本身，为实施助推段导弹防御提供关键数据[102]。

3.4.4.4　侦察

许多遥感和地球观测卫星均可用于军事侦察或各类情报收集，但军用和由政府机构运营的卫星及传感器载荷则由不同的任务需求和相关法律法规驱动，而非商业同行引领。侦察卫星（或称间谍卫星）多用于获取如图像情报（IMINT）、通信情报（SIGINT）以及测量与特征信息情报（MASINT）等信息。军事间谍卫星采用的技术高度机密，但政府维护和运营间谍卫星的原因很简单，即控制。如果拥有各类可用间谍卫星资源，政府及军方可就是否收集地球表面某特定区域的情报信息迅速做出决定，无须考虑下行（数据）优先级或与商业服务提供商展开竞争。但出于收集时敏目标或考虑商用卫星及传感器的性能参数，政府并不排斥购买商用卫星服务。

在美国，即使政府不透露有关此类卫星的具体信息，由于信息封锁，人们很容易将执行秘密侦察任务的间谍卫星与其他由政府运营的卫星或商用卫星区分开来。虽然2014年进入太空的美制航天器数量为151枚，位居世界第一，但仅有5%用于侦察。

在中国等其他国家，判定卫星的性质异常困难。如中国的航天科技工业一方面通过开发航天基础设施，模糊军民用任务和军用、民用及商用卫星间的界限；另一方面，中国高度集中的体制制度和军民结合的航天工业基础，使其可整合全国范围内的航天基础设施和人员，推动该领域先进技术的应用和推广。中国于2014年共发射23颗卫星，其中18颗均携带传感器载荷，可遂行包括侦察在内的多种任务。由于中国对多颗卫星的任务描述几乎相同，一旦卫星执行如2013年进行的不定期非公开报道的演习行动，判定中国卫星性质的难度将进一步增大[103]。

两颗高度机密的地球同步空间态势感知项目（Geosynchronous Space Situational Awareness Program，GSSAP）卫星，美国空军2014年年初首次透露该项目的存在，并于2014年7月将这两颗卫星发射升空，用于监控他国航天器并追踪可能对卫星运行构成威胁的轨道碎片。（美国空军供图）

3.4.4.5 空间态势感知系统

加拿大国防部（Department of National Defence，DND）的“蓝宝石”（Sapphire）军用卫星于2013年2月发射进入太空，2014年2月开始在轨运行。“蓝宝石”卫星运行在太阳同步近地轨道，距离地面750千米（466英里）。“蓝宝石”卫星环绕地球运行的轨道平面和太阳始终保持相对固定，使其望远镜能探测到太空中其他物体可能存在的最亮反射[104]。加拿大国防部致力于开发本国的空间侦察系统——加拿大空间侦察系统（Canadian Space Surveillance System），其“蓝宝石”卫星传感器可每12小时在同一时刻对深空中的360个空间物体进行成像。目标图像范围可实现中轨道到高轨道全覆盖，并将数据结果发送至美国太空监视网（SSN）。

2014年2月，美国空军罕见地公开有关秘密项目“空间态势感知”项目卫星的有关情况。美国空军航天司令部司令威廉·谢尔顿（William Shelton）将军对记者说，“同步轨道空间态势感知”（GSSAP）项目的卫星将提供有关卫星位置和空间碎片的高精度数据[105]。该项目计划共发射4颗卫星，前2颗已于2014年7月进入地球同步轨道，2016年将再发射2颗[106]。由于操作能力的提升，GSSAP卫星可在轨道上占据最有利位置，使用光电有效载荷跟踪和识别目标卫星，并观察其活动[107]。

2014年7月，美国空军用于空间态势感知的另一颗卫星，即“空间自主导航与制导试验”（Automated Activation and Guidance Experiemt for Local Space，ANGELS）卫星发射升空[108]。ANGELS卫星为美国空军研究实验室项目，属于美国太空态势感知（SSA）项目。卫星利用携带的SSA传感器载荷，将评估探测、跟踪和描述空间目标所需技术，并进行降低与其他空间物体发生碰撞概率的星上实验，实验研究数据将应用于美国空军的后续研究中[109]。

旧系统继续致力于空间态势感知，美国空军宣布已于2010年9月发射的“天基空间监视系统”（Space-Based Space Surveillance，SBSS）卫星2013年全面投入运行，其任务是监视地球静止轨道上的空间物体。2014年1月发布的一份报告指出，“天基空间监视系统”卫星投入运行后，因空间碎片和发生碰撞造成卫星损失的概率下降约66%[110]。

3.5 发射场

携带有效载荷的运载火箭在发射活动准备就绪后，从发射场发射升空。无论是占地面积或可进行的航天活动类型，世界各国的发射场规模差异较大，既有每 1 ~ 2 年实施一次发射活动的阿拉斯加太平洋航天基地合成中心（Pacific Spaceport Complex-Alaska，PSCA），也有占地面积六千多平方千米，占据全球三分之一发射活动的拜科努尔航天发射场。

全球共有 18 个国家拥有本国的航天发射场。美国拥有的航天发射场数量世界第一，包含 5 个可支持轨道发射和数个可发射亚轨道飞行器的发射场。俄罗斯拥有 4 个航天发射场，并正在西伯利亚冻土地带建造新发射场。中国拥有 3 个航天发射场，近期已完成海南岛的第 4 个发射中心的建造。日本、朝鲜和巴西各拥有 2 个航天发射场，其余国家各拥有 1 个发射场，如图表 3 - 19 所示。

“联盟号”运载火箭在哈萨克斯坦境内的拜科努尔航天发射基地准备发射，该火箭将把 2 名俄罗斯宇航员和 1 名美国宇航员送入国际空间站。（NASA 供图）

图表 3 - 19　2014 年全球航天发射场情况汇总

发射场	所属国家	所在地	类型	是否可进行轨道发射	2014 年发射数量
已建成					
乌美拉试验场（Woomera Test Range）	澳大利亚	南澳大利亚州北部乌美拉镇北部	公开		
阿尔坎塔拉（Alcantara）太空中心	巴西	马拉尼昂州阿尔坎塔拉	公开	√	

（续表）

发射场	所属国家	所在地	类型	是否可进行轨道发射	2014 年发射数量
纳塔尔 Barreira do Inferno 探空火箭发射场	巴西	北里奥格兰德州帕纳米林	公开		
酒泉卫星发射中心	中国	甘肃省	公开	√	8
太原卫星发射中心	中国	山西省	公开	√	6
西昌卫星发射中心	中国	四川省	公开	√	2
圭亚那航天中心	欧洲（ESA）	法属圭亚那库鲁	公开	√	11
萨迪什·达万航天中心	印度	斯里哈里科塔发射场	公开	√	4
塞姆南发射站	伊朗	塞姆南省	公开	√	
帕勒马希姆空军基地	以色列	里雄莱锡安	公开	√	1
种子岛宇宙中心	日本	种子岛	公开	√	4
内之浦宇宙空间观测所	日本	鹿儿岛县	公开	√	
奥德赛-基里巴斯圣诞岛海上发射区	多国	夏威夷南部赤道太平洋	公开	√	1
西海卫星发射场	朝鲜	铁山郡	公开	√	
东海卫星发射场	朝鲜	舞水端里	公开	√	
罗斯福·罗兹航天发射中心	波多黎各	塞尔瓦市罗斯福·罗兹海军基地	公开		
拜科努尔航天发射场	俄罗斯	哈萨克斯坦拜科努尔	公开	√	21
栋巴罗夫斯基导弹基地	俄罗斯	亚斯内	公开	√	2
卡普斯京亚尔靶场	俄罗斯	伏尔加格勒附近	公开	√	
普列谢茨克航天发射场	俄罗斯	普列谢茨克	公开	√	9
罗老宇宙中心	韩国	罗老岛	公开	√	
雅斯兰吉航天中心	瑞典	瑞典北部基律纳附近	公开		
卡纳维拉尔角空军基地	美国	佛罗里达州卡纳维拉尔角	公开	√	16
爱德华兹空军基地	美国	加州爱德华兹	公开		

（续表）

发射场	所属国家	所在地	类型	是否可进行轨道发射	2014年发射数量
肯尼迪航天中心	美国	佛罗里达州卡纳维拉尔角	公开	√	
米德兰国际航空航天港	美国	德克萨斯州米德兰	公开		
莫哈韦航空航天港	美国	加利福尼亚州莫哈韦	公开		
金沙太平洋导弹靶场	美国	夏威夷考爱岛，金沙	公开		
太平洋太空港	美国	阿拉斯加州科迪亚克岛	公开	√	
Poker Flats 研究靶场	美国	阿拉斯加州费尔班克斯附近	公开		
美国太空港（Spaceport America）	美国	新墨西哥州	公开		
美国陆军夸贾林环礁（里根试验场）	美国	马绍尔群岛	公开	√	
范登堡空军基地/加利福尼亚	美国	加州隆波克附近	公开		4
沃洛普斯飞行中心/大西洋中部地区太空港	美国	弗吉尼亚州瓦勒普斯岛	公开		3
白砂导弹靶场	美国	新墨西哥州南部	公开		
建造中					
文昌卫星发射中心	中国	海南岛	公开	√	
加勒比太空港	库拉索岛	库拉索岛	秘密		
东方发射场	俄罗斯	斯沃博德内地区	公开	√	
蓝源发射场	美国	德克萨斯州南部	秘密		
塞西尔·菲尔德发射场	美国	佛罗里达州杰克逊维尔市	公开		
俄克拉荷马航天发射场	美国	俄克拉荷马州伯恩斯弗莱特	公开		
计划建造					
马来西亚太空港	马来西亚	马六甲	秘密		

（续表）

发射场	所属国家	所在地	类型	是否可进行轨道发射	2014 年发射数量
阿布扎比发射站	阿拉伯联合酋长国	阿布扎比	公开		
卡姆登航天发射场	美国	佐治亚州卡姆登县	公开	√	
艾灵顿·菲尔德发射场	美国	德克萨斯州休斯敦市	公开		
Front Range 发射场	美国	科罗拉多州丹佛市	公开		
夏伊洛	美国	佛罗里达州代托纳附近	公开	√	
“太空海岸”航天发射场	美国	佛罗里达州泰特斯维尔	公开		
太空探索公司德克萨斯州发射场	美国	得克萨斯州布朗斯维尔	秘密	√	
夏威夷太空港	美国	夏威夷科纳	公开		

注：已建成表示已进行轨道或亚轨道发射活动；建造中表示正在建设基础设施或已完成建设，但未进行轨道或亚轨道发射活动；计划建造表示计划建造或有意向建造或未获得授权许可或刚开始建设。

全球发射场处于不断变化之中，有些发射场需进行改造，拆除老旧设施进行更新换代。一旦建设时间较早的发射场无法承担新型航天器的发射任务或遇到政治危机时，也有国家和公司选择兴建新发射场。

3.5.1　新发射场的建造及再利用

2014 年 9 月，“猎鹰 9 号”运载火箭的建造者太空探索公司，在德克萨斯州布朗斯维尔附近开始破土兴建新发射场，但实际建造活动已延期至 2015 年。太空探索公司计划最早于 2016 年启用新发射场[111]。该发射场一旦建设完成，将成为美国本土上距离赤道最近的发射场。

2014 年美国的机场和发射场数量维持稳定，但业务量持续增长。佛罗里达州杰克逊维尔市的塞西尔航天发射场毗邻塞西尔机场，与机场共用跑道，已于 2010 年 1 月获得由 FAA 颁发的运营牌照，能够发射可回收和水平降落的飞行器[112]，首位客户轨道发射服务公司已于 2014 年 7 月搬迁至该发射场[113]。

东方（Vostochny）发射场（原址为斯沃博德内核导弹基地）即将成为俄

罗斯最新发射场，经过多年延期终在 2011 年开工，工程造价 115 亿美元，计划 2015 年开始运营[114]。该发射场位于俄罗斯远东地区，一旦进入全面运营状态，将成为俄罗斯最主要发射场。东方最初是用于发射重达 24.5 吨（5.4 万磅）的有效载荷进入轨道，其最终可承载发射设施以支撑有效载荷重达 130 吨（286.6 万磅）[115]。俄罗斯建设东方发射场基于以下两点：一、它是位于俄罗斯本土境内的发射场，并具备发射下一代重型运载火箭的能力，可减少对哈萨克斯坦拜科努尔航天中心的依赖，维持俄罗斯对敏感度较高的发射任务的完全控制。二、可为人烟稀少的西伯利亚地区吸引大量劳动力等资源，带动该地区的经济发展。俄罗斯政府计划在东方发射场附近建造一座现代化城市，以吸引工程师等航天专业人才。

东方发射场的建设经历多次延期，皆与发射场性质和基础设施规划方案不断遭到复审及建设资金短缺有关。然而，其主要建造者最终于 2011 年 4 月签订合同，同年开始建设。该发射场将承担俄罗斯“安加拉”下一代重型运载火箭的发射任务，也将为载人和无人“联盟号”飞船*配备专用发射平台。如果 2015 年竣工，则该发射场将在至少 3 年后，即 2018—2021 年间进行第一次无人发射活动；投入运营两至三年后，才可能实施首次载人飞行[116]。

外传中国位于海南文昌的新卫星发射中心已经竣工[117]。该发射中心位于海南岛南部，可通过海运解决大型火箭的运输难题，加之海南比中国其他发射场更接近赤道，借助接近赤道的较大线速度，以及惯性带来的离心现象可显著提升航天运载火箭运力。文昌卫星发射中心建设始于 2009 年，预计 2015 年进行首次发射，是唯一可承担“长征五号”重型运载火箭发射任务的中国发射场，未来还将成为“长征六号”和“长征七号”火箭的发射地[118]。文昌卫星发射中心将于 2017 年发射中国第五个，即“嫦娥五号”月球探测器。此外，该发射中心原定预计在 2013 年或 2014 进行首次发射，但建设过程及“长征五号”运载火箭研制延期而推迟至 2015 年。

参考文献

[1] NASA. Commercial Crew Program-The Essentials. http://www.nasa.gov/content/commercial-crew-program-the-essentials/#.VUeNE_lVhBf. Accessed May 4, 2015.

* “联盟号”飞船是苏联开发的一种载人航天器，其衍生的“进步号”飞船为不载人的货运飞船。

[2] Leuders, Kathryn L. "Expanding Human Spaceflight Beyond the Exclusive Government Province." Paper presented at Space Symposium Technical Track. April 14, 2015. http://www. spacesymposium. org/sites/default/files/downloads/K. Lueders _ 31st _ Space _ Symposium _ Tech _ Track _ paper. pdf.

[3] Spector, Dina. "SpaceX Just Unveiled Its Brand-New Capsule For Taking Astronauts To Space." Business Insider. May 29, 2014. http://www. businessinsider. com/spacex-ceo-elon-musk-to-unveil-dragon-v2-spacecraft-2014-5. Accessed May 4, 2015.

[4] Boeing. "CST-100: Next American Space Capsule." September 16, 2014. http://www. boeing. com/features/2014/09/bds-cst100-09-16-14. page. Accessed May 5, 2015.

SpaceX. "Dragon Version 2: SpaceX's Next Generation Manned Spacecraft." May 30, 2014. http://www. spacex. com/news/2014/05/30/dragon-v2-spacexs-next-generation-manned-spacecraft. Accessed May 5, 2015.

[5] Foust, Jeff. "Of budgets past and future." The Space Review. December 15, 2014. http://www. thespacereview. com/article/2661/1. Accessed May 5, 2015.

[6] NASA. Orion Overview. http://www. nasa. gov/exploration/systems/orion/about/index. html. accessed May 5, 2015.

[7] Clark, Stephen. "NASA's latest Soyuz seat procurement may be its last." Spaceflightnow. com. May 27, 2014. http://www. spaceflightnow. com/news/n1405/27soyuz/#. VUjPt_lVhBc. Accessed May 5, 2015.

[8] Blau, Patrick. "Angara A5 successfully completes Milestone Test Flight." Spaceflight101. com. December 23, 2014. http://www. spaceflight101. com/angara-a5-1lm-launch-updates. html. Accessed May 5, 2015.

[9] Zak, Anatoly. "Development of PTK NP during 2013." Russianspaceweb. com. http://www. Russianspaceweb. com/ptk_2013. html. Accessed June 9, 2015.

[10] Milkus, Alexander. "Строительство базы у Луны мы можем начать уже сегодня." KP. ru. April 12, 2014. http://www. kp. ru/daily/26219. 7/3102375/. Accessed June 10, 2015.

[11] Gruss, Mike. "U. S. Air Force Claims Big Savings on EELV Block Buy." SpaceNews. com. January 31, 2014. http://spacenews. com/39348us-air-

force-claims-big-savings-on-eelv-block-buy/. Accessed May 14, 2015.

[12] SpaceX. Upgraded Falcon 9 Mission Overview. October 14, 2013. http://www.spacex.com/news/2013/10/14/upgraded-falcon-9-mission-overview. Accessed May 14, 2015.

[13] SpaceX. CRS-3 Mission Overview. May 18, 2014. http://www.spacex.com/news/2014/05/18/crs-3-mission-overview. Accessed May 14, 2015.

[14] SpaceX. "SpaceX Soft Lands Falcon 9 Rocket First Stage." July 22, 2014. http://www.spacex.com/news/2014/07/22/spacex-soft-lands-falcon-9-rocket-first-stage. Accessed May 14, 2015.

[15] Bergin, Chris. "SpaceX's Autonomous Spaceport Drone Ship ready for action." NASASpaceFlight.com. November 24, 2014. http://www.nasaspaceflight.com/2014/11/spacex-autonomous-spaceport-drone-ship/. Accessed May 14, 2015.

[16] Gutierrez, Peter. "Europe Presses Ahead with Galileo Probe, Program." InsideGNSS. September 3, 2014. http://www.insidegnss.com/node/4167. Accessed May 11, 2015.

[17] Clark, Stephen. "First Angara rocket launched on suborbital test flight." SpaceFlightNow.com. July 9, 2014. http://spaceflightnow.com/news/n1407/09angara/#.VVTZf_lVhBc. Accessed May 14, 2015.

[18] "2014 maiden launch for Long March-7 rocket." Space-Travel.com. March 6, 2013. http://www.space-travel.com/reports/2014_maiden_launch_for_Long_March_7_rocket_999.html. Accessed June 10, 2015.

[19] David, Leonard. "China Outlines New Rockets, Space Station and Moon Plans." Space.com. March 17, 2015. http://www.space.com/28809-china-rocket-family-moon-plans.html. Accessed June 10, 2015.

[20] ISRO. LVM3. December 18, 2014. http://www.isro.org/launchers/lvm3. Accessed May 11, 2015.

[21] ISRO. LVM3-X/CARE Mission. December 18, 2014. http://www.isro.org/launchers/lvm3-x-care. Accessed May 11, 2015.

[22] Sea Launch. "EutelSat 3B: Mission Overview." http://www.sea-launch.com/missions/11130. Accessed May 6, 2015.

[23] Sea Launch. "EutelSat 3B: Mission Overview." http://www.sea-launch.com/missions/11372. Accessed May 6, 2015.

[24] Fishler, Eliana. "Successful launch of 'Ofek 10' observation satellite."

Israel Aerospace Industries. April 10, 2014. http://www. iai. co. il/2013/32981-45900-en/MediaRoom_News. aspx. Accessed May 6, 2015.

[25] Israel Aerospace Industries. SHAVIT Launcher Main Flight Events. http://www. iai. co. il/Sip_Storage//FILES/4/40624. pdf.

[26] Niayesh, Umid. "Iran's second 'astronaut monkey' safely returns from Space." Trend. az. December 14, 2013. http://en. trend. az/iran/2221580. html. Accessed May 6, 2015.

[27] Institute of Astronautics Systems. Investigative Research "at a glance." http://www. kavoshgar. ari. ac. ir/index. php/mission-exploration. html. Accessed May 6, 2015.

[28] Niayesh, Umid. "Iran to start manufacturing new generation model of astronaut carrier." Trend. az. January 21, 2014. http://en. trend. az/iran/2232128. html. Accessed May 6, 2015.

[29] ESA. intermediate experimental vehicle overview. http://www. esa. int/Our_Activities/Launchers/IXV/Overview. Accessed May 6, 2015.

[30] U. S. DoD, Defense Advanced Research Projects Agency. Work commences on experimental spaceplane (XS-1) designs. July 15, 2014. http://www. darpa. mil/NewsEvents/Releases/2014/07/15. aspx. Accessed May 6, 2015.

[31] Keller, John. "DARPA issues first-phase solicitation for XS-1 hypersonic space plan for deploying satellites." Military & Aerospace Electronics. November 15, 2013. http://www. militaryaerospace. com/articles/2013/11/darpa-xs1-spaceplane. html. Accessed May 6, 2015.

[32] Malik, Tariq. "Virgin Galactic SpaceShipTwo Crash: Full Coverage and Investigation." Space. com. December 19, 2014. http://www. space. com/27629-virgin-galactic-spaceshiptwo-crash-full-coverage. html. Accessed May 6, 2015.

[33] Wall, Mike. "Will Space Tourism Survive Virgin Galactic's Tragic Spaceship Crash?" Space. com. November 6, 2014. http://www. space. com/27651-space-tourism-virgin-galactic-spaceship-crash. html. Accessed May 6, 2015.

[34] Prigg, Mark. "The passenger spacecraft where you can sit in the cockpit for $95,000: New pictures reveal the XCOR Lynx space plane is getting close to completion." Mailonline. December 24, 2014. http://www. dailymail. co. uk/sciencetech/article-2886516/The-passenger-spacecraft-sit-cockpit-95-

000-New-pictures-reveal-XCOR-Lynx-space-plane-getting-close-completion. html. Accessed May 6, 2015.

[35] EXOS Aerospace Systems & Technologies. EXOS Aerospace Systems & Technologies, Inc. Payload User Guide, Revision 3. http://www. exosaero. com/pug.

[36] NASA. Extending the Operational Life of the International Space Station Until 2024, IG-14-031, 2. Office of Inspector General. September 18, 2014. http://oig. nasa. gov/audits/reports/FY14/IG-14-031. pdf .

[37] Malik, Tariq. "International Space Station Gets Life Extension Through 2024." Space. com. January 8, 2014. http://www. space. com/24208-international-space-station-extension-2024. html. Accessed May 7, 2015.

[38] "Expedition 40 Mission Updates." Spaceflight 101. com. August 30, 2014. http://www. spaceflight101. com/iss-expedition-40-updates-august-2014. html. Accessed May 8, 2015.

[39] Hackler, Rebecca. "Commercial Orbital Transportation Services: A New Era in Spaceflight." NASA, February 2014. http://www. jsc. nasa. gov/history/oral_histories/C3PO/SP-2014-617. pdf.

[40] Malik, Tariq. "Antares Rocket Explosion: Full Coverage and Investigation." Space. com. October 29, 2014. http://www. space. com/27594-private-antares-rocket-explosion-full-coverage. html. Accessed May 7, 2015.

[41] Malik, Tariq. "NASA's Space Shuttle By the Numbers: 30 Years of a Spaceflight Icon." Space. com. July 21, 2011. http://www. space. com/12376-nasa-space-shuttle-program-facts-statistics. html. Accessed May 7, 2015.

[42] NASA. Commercial Resupply Services 2 Request for Information. February 21, 2014. https://prod. nais. nasa. gov/cgibin/eps/synopsis. cgi? acqid = 159700. Accessed May 7, 2015.

[43] Jones, Morris. "Extra Time for Tiangong." Space Daily. January 23, 2014. http://www. spacedaily. com/reports/Extra_Time_for_Tiangong_999. html. Accessed May 7, 2015.

[44] David, Leonard. "Astronaut Conclave Provides Showcase for China's Station Plans." SpaceNews. October 20, 2014. http://spacenews. com/42246astronaut-conclave-provides-showcase-for-chinas-station-plans/. Accessed May 7, 2015.

[45] Union of Concerned Scientists. "UCS Satellite Database." Updated January

31, 2015. http://www.ucsusa.org/nuclear_weapons_and_global_security/solutions/space-weapons/ucs-satellite-database.html#.VXoMyvlVhBc. Accessed June 11, 2015.

[46] "Missions Defintion." Eurospace. April 2015.

[47] United States Air Force. "Space Segment." GPS.gov. Updated January 13, 2015. http://www.gps.gov/systems/gps/space/. Accessed January 28, 2015.

[48] "First GPS III Launch Slips to FY17." Inside GNSS. November 14, 2014. http://www.boeing.com/assets/pdf/defense-space/space/gps/Bkgd_GPSIIF.pdf. Accessed January 28, 2015.

[49] United States Naval Observatory. Block II Satellite Information. Updated November 5, 2014. ftp://tycho.usno.navy.mil/pub/gps/gpsb2.txt. Accessed January 28, 2015.

[50] Divis, Dee Ann. "First GPS III Launch Slips to FY17." Inside GNSS. November 14, 2014. http://www.insidegnss.com/node/4270. Accessed June 12, 2015.

[51] GPS World Staff. "The System: GLONASS in April, What Went Wrong." GPS World. June 24, 2014. http://gpsworld.com/the-system-glonass-in-april-what-went-wrong/. Accessed January 28, 2015.

[52] Kapur, Vivek. "GLONASS Failure: Implications for India." Capsindia.org. May 9, 2014. http://capsindia.org/files/documents/CAPS_Infocus_VK9.pdf. Accessed June 10, 2015.

[53] GPS World Staff. "Sanctions Delay Russia's GLONASS-K2 Program." GPS World. December 17, 2014. http://gpsworld.com/sanctions-delay-russias-glonass-k2-program/. Accessed January 30, 2015.

[54] "Russia to place globally navigation stations in China." Xinhuanet. November 11, 2014. http://news.xinhuanet.com/english/china/2014-11/11/c_133782547.htm. Accessed January 29, 2015.

[55] Schmidt, Michael S.; Schmitt, Eric. "New Law All but Bars Russian GPS Sites in U.S." The New York Times. December 28, 2013. http://www.nytimes.com/2013/12/29/world/europe/new-law-all-but-bars-russian-gps-sites-in-us.html?_r=1&. Accessed January 29, 2015.

[56] Knapp, Alex. "ESA Galileo Satellites Were Placed In The Wrong Orbit." Forbes. August 24, 2014. http://www.forbes.com/sites/alexknapp/2014/08/24/esa-galileo-satellites-were-placed-in-the-wrong-orbit/. Accessed January

29, 2015.

[57] ESA. Galileo Satellite Set for New Orbit. November 10, 2014. http://www.esa.int/Our_Activities/Navigation/Galileo_satellite_set_for_new_orbit. Accessed January 29, 2015.

[58] "List of Navigation Satellites," ISRO, updated November 10, 2014, accessed January 30, 2015, http://isro.gov.in/spacecraft/list-of-navigation-satellites.

[59] ISRO. Satellite Navigation. http://isro.gov.in/spacecraft/satellite-navigation. Accessed January 30, 2015.

[60] Abidi, Shahkar. "India's GPS freebie for neighbours soon." dnaIndia.com. January 2, 2015. http://www.dnaindia.com/mumbai/report-india-s-gps-freebie-for-neighbours-soon-2048768. Accessed January 30, 2015.

[61] China Satellite Navigation Office, Report on the Development of BeiDou Navigation Satellite System (Version 2.2). December 2013. http://www.beidou.gov.cn/attach/2013/12/26/20131226fed336adf2184d52843d5bf81832e82c.pdf. Accessed February 2, 2015.

[62] JAXA. QZ Navigator, Vol. 8: The Right Stuff. December 15, 2010. http://qz-vision.jaxa.jp/READ/qz-navi08.html. Accessed Jun 10, 2015.

[63] DigitalGlobe. WorldView-3 Data Sheet. October 2014. https://www.digitalglobe.com/sites/default/files/DG_WorldView3_DS_forWeb_0.pdf.

[64] Kosmotras. 19 June 2014. Dnepr Cluster Mission 2014. June 19, 2014. http://www.kosmotras.ru/en/launch15/. Accessed May 7, 2015.

[65] O'Brien, Chris. "Antares rocket explosion destroyed 26 satellites built by San Francisco's Planet Labs." VentureBeat.com. October 29, 2014. http://venturebeat.com/2014/10/29/antares-rocket-explosion-destroyed-26-satellites-built-by-san-franciscos-planet-labs/. Accessed May 7, 2015.

[66] Marshall, Will. "Space is hard: Antares rocket failure." Planet Labs (blog). October 28, 2014. https://www.planet.com/pulse/space-is-hard/. Accessed May 8, 2015.

[67] Skybox Imaging. "Skybox Imaging + Google," Skybox (blog). Updated August 1, 2014. http://www.skyboximaging.com/blog/skybox-imaging-google. Accessed May 7, 2015.

[68] Musil, Steven. "Google reportedly plans to spend $1B on Internet satellites." CNet.com. June 1, 2014. http://www.cnet.com/news/google-

reportedly-plans-to-spend-1b-on-internet-satellites/. Accessed May 7, 2015.

[69] DigitalGlobe. DigitalGlobe Announces the Successful Launch of WorldView-3. August 13, 2014. http://investor. digitalglobe. com/phoenix. zhtml? c = 70788&p = irol-newsArticle&ID = 1958312. Accessed May 8, 2015.

[70] DigitalGlobe. U. S. Department of Commerce Relaxes Resolution Restrictions DigitalGlobe Extends Lead in Image Quality. June 11, 2014. http://investor. digitalglobe. com/phoenix. zhtml? c = 70788&p = irol-newsArticle&ID = 1939027. Accessed May 8, 2014.

[71] Winkel, Vince. "Longmont's Allsource Analysis making waves in intelligence community." Times-Call. October 26, 2014. http://www. timescall. com/business/ci_26795857/longmonts-allsource-analysis-making-waves-intelligence-community. Accessed November 14, 2014.

[72] ISRO. PSLV-C23. June 2014. http://www. isro. gov. in/launcher/pslv-c23. Accessed May 8, 2015.

[73] Airbus Defence and Space. SPOT. http://www. space-airbusds. com/en/programmes/spot-603. html. Accessed May 8, 2015.

[74] European Commission. Copernicus in brief. http://www. copernicus. eu/main/copernicus-brief. Accessed May 11, 2015.

[75] ESA. KazEOSat-2. https://directory. eoportal. org/web/eoportal/satellite-missions/k/kazeosat-2. Accessed May 8, 2015.

[76] Samara Space Rocket Centre. RESURS-P No1 Satellite. http://en. samspace. ru/products/earth_remote_sensing_satellites/ka_resurs_p/. Accessed May 8, 2015.

[77] Viets, Patricia "Defense Department Transfers Control of Weather Satellites to NOAA." NOAA. June 1, 1998. http://www. publicaffairs. noaa. gov/pr98/jun98/noaa98-030. html. Accessed May 14, 2015.

[78] NASA. GPM Mission Concept. Updated 2014. http://pmm. nasa. gov/GPM. Accessed May 15, 2015.

[79] NASA. NASAfacts: Orbiting Carbon Observatory-2. November 2013. http://www. jpl. nasa. gov/news/fact_sheets/oco2. pdf. Accessed May 15, 2015.

[80] Henry, Caleb. "DISA Uncertain on Post-WGS Satcom Needs." Satellite Today. November 19, 2014. http://www. satellitetoday. com/regional/2014/11/19/disa-uncertain-on-post-wgs-satcom-needs/. Accessed May

15, 2015.

[81] Gruss, Mike. "News from Satellite 2014 | Long-term Lease Among 'Pathfinders' Under Consideration at Pentagon." SpaceNews. March 13, 2014. http://spacenews. com/39835news-from-satellite-2014-long-term-lease-among-pathfinders-under/. Accessed May 15, 2015.

[82] Gruss, Mike. "U. S. Air Force Signs Trailblazing Lease for SES Satellite Capacity." SpaceNews. June 10, 2014. http://spacenews. com/40863us-air-force-signs-trailblazing-lease-for-ses-satellite-capacity/. Accessed May 15, 2015.

[83] U. S Government Accountability Office. Defense Acquisitions: Assessments of Selected Weapons Programs. March, 2013. http://www. gao. gov/assets/660/653379. pdf. Accessed November 11, 2013.

[84] Gruss, Mike. "Boeing Foresees Additional WGS Satellite Orders." SpaceNews. May 15, 2014. http://spacenews. com/40574boeing-foresees-additional-wgs-satellite-orders/. Accessed May 15, 2015.

[85] Clark, Stephen. "Fifth WGS Communications Craft Enters Military Service." SpaceflightNow. com. October 7, 2013. http://spaceflightnow. com/news/n1310/07wgs/#. UoEXzicwLrd. Accessed November 11, 2013.

[86] USAF. Milstar Satellite Communications System. April 1, 2004. http://www. af. mil/AboutUs/FactSheets/Display/tabid/224/Article/104563/milstar-satellite-communications-system. aspx. Accessed June 10, 2015.

[87] "USAF contracts Lockheed for fifth and sixth AEHF satellites production." AirForce-Technology. com. January 2, 2013. http://www. airforce-technology. com/news/newsusaf-contracts-lockheed-for-fifth-and-sixth-aehf-satellites-production. Accessed June 10, 2015.

U. S. DoD, Office of the Director, Operational Test and Evaluation. FY00 Annual Report: Advance Extremely High Frequency (AEHF) Satellite Communications System. http://www. dote. osd. mil/pub/reports/FY2000/airforce/00aehf. html.

[88] Lockheed Martin. Advance Extremely High Frequency (AEHF). http://www. lockheedmartin. com/us/products/advanced-extremely-high-frequency--aehf-. html. Accessed June 10, 2015.

[89] Lockheed Martin. Lockheed Martin MUOS Satellite Enters Final Testing Preparing For January Launch. July 10, 2014. http://www. lockheedmartin.

com/us/news/press-releases/2014/july/0710-ss-muos. html. Accessed June 10, 2015.

[90] European Defence Agency. Satellite Communications. February 3, 2015. http://www. eda. europa. eu/docs/default-source/eda-factsheets/2015-02-03-factsheet_govsatcom.

[91] U. S. DoD, Office of the Secretary of Defense. Report to the Defense and Intelligence Committees of the Congress of the United States: Status of the Space Based Infrared System Program. March 2005. http://nsarchive. gwu. edu/NSAEBB/NSAEBB235/42. pdf.

[92] Gruss, Mike, "Report: SBIRS Tech Update Would Be Costly." SpaceNews. August 4, 2014. http://spacenews. com/41483report-sbirs-tech-update-would-be-costly/. Accessed April 27, 2015.

[93] USAF. "SMC Successfully Integrates Infrared Sensors with New Ground System." Air Force Print News Today. March 3, 2015. http://www. losangeles. af. mil/news/story_print. asp? id = 123440671. Accessed April 27, 2015.

[94] U. S. DoD, Office of the Secretary of Defense. Report to the Defense and Intelligence Committees of the Congress of the United States: Status of the Space Based Infrared System Program. March 2005. http://nsarchive. gwu. edu/NSAEBB/NSAEBB235/42. pdf.

[95] USAF. "Air Force Commercially Hosted Infrared Payload Mission Completed." December 12, 2013. http://www. losangeles. af. mil/news/story. asp? id = 123373357. Accessed April 27, 2015.

[96] Leone, Dan. "Missile Warning Sensor Not Among Early Candidates for U. S. Hosted Payload Contract Vehicle." Spacenews. April 3, 2014. http://spacenews. com/40094missile-warning-sensor-not-among-early-candidates-for-us-hosted-payload/. Accessed April 27, 2015.

[97] Zak, Anatoly. "Oko." Russianspaceweb. com. June 25, 2014. http://www. russianspaceweb. com/oko. html. Accessed April 27, 2014.

[98] Kumar, Kalyan. "US Ahead In Missile Warning Systems: Russia Handicapped by Lack of Strategic Satellites." International Business Times. February 13, 2015. http://au. ibtimes. com/us-ahead-missile-warning-systems-russia-handicapped-lack-strategic-satellites-1421119. Accessed April 27, 2015.

[99] Northrop Grumman. "Space Tracking and Surveillance System Demonstrators

Birth-to-death ballistic missile tracking." April 2013. http://www.northropgrumman.com/Capabilities/STSS/Documents/pageDocs/STSS_Datasheet.pdf.

[100] Missile Defense Agency. Fact Sheet: Space Tracking and Surveillance System. October 21, 2013. http://www.mda.mil/global/documents/pdf/stss.pdf.

[101] Missile Defense Agency. Fact Sheet: Precision Tracking Space System. December 2013. http://www.mda.mil/global/documents/pdf/ptss.pdf.

[102] Missile Defense Agency. Fact Sheet: Near Field Infrared Experiment. December 21, 2013. http://www.mda.mil/global/documents/pdf/nfire.pdf.

[103] Smith, Marcia S. "Surprise Chinese Satellite Maneuvers Mystify Western Experts." Spacepolicyonline.com. August 19, 2013. http://www.spacepolicyonline.com/news/surprise-chinese-satelllite-maneuvers-mystify-western-experts. Accessed June 10, 2015.

[104] Maskell, Paul; Oram, Lorne. "Sapphire: Canada's Answer to Space-Based Surveillance of Orbital Objects." Advanced Maui Optical and Space Surveillance Technologies Conference Technical Paper. September 2008. http://www.amostech.com/TechnicalPapers/2008/SSA_and_SSA_Architecture/Maskell.pdf.

[105] Vucic, Zachary. "Shelton announces new space situational awareness satellite program." af.mil. February 24, 2014. http://www.af.mil/News/ArticleDisplay/tabid/223/Article/473403/shelton-announces-new-space-situational-awareness-satellite-program.aspx. Accessed April 27, 2015.

[106] Butler, Amy. "USAF Space Chief Outs Classified Spy Sat Program." Aviation Week. February 21, 2014. http://aviationweek.com/defense/usaf-space-chief-outs-classified-spy-sat-program. Accessed April 27, 2015.

[107] Blau, Patrick. "Delta IV - GSSAP Launch Updates." Spaceflight 101. July 28, 2014. http://www.spaceflight101.com/delta-iv---gssap-launch-updates.html. Accessed April 27, 2015.

[108] USAF 45th Space Wing Public Affairs. "AF launches successful satellite mission." July 30, 2014. http://www.af.mil/News/ArticleDisplay/tabid/223/Article/486923/af-launches-successful-satellite-mission.aspx. Accessed April 27, 2015.

[109] USAF Air Force Research Laboratory Public Affairs. Fact Sheet: Automated Navigation and Guidance Experiment for Local Space (ANGELS). July 2014. http://www. kirtland. af. mil/shared/media/document/AFD-131204-039. pdf.

[110] Ball, Diana. "Boeing Space Surveillance System Reduces Risk of Satellite Loss by 66 Percent." Boeing News Release. January 14, 2014. http://boeing. mediaroom. com/Boeing-Space-Surveillance-System-Reduces-Risk-of-Satellite-Loss-by-66-Percent. Accessed April 27, 2015.

[111] Foust, Jeff. "SpaceX Breaks Ground on Texas Spaceport." SpaceNews. September 22, 2014. http://spacenews. com/41957spacex-breaks-ground-on-texas-spaceport/. Accessed May 13, 2015.

[112] Jacksonville Aviation Authority. Cecil Spaceport Master Plan, 1-1. March 2012. http://www. flyjacksonville. com/Cecil/Spaceport/spaceport-mp. pdf.

[113] Shulman, Jordan. "Leaving the Nest and Learning to Fly." Generation Orbit Launch Services, Inc (blog). July 21, 2014. http://www. generationorbit. com/blog/category/blog/. Accessed May 14, 2015.

[114] Zak, Anatoly. "The Spaceport in Siberia." Air & Space. July 2014. http://www. airspacemag. com/space/spaceport-siberia-180951416/? no-ist. Accessed May 13, 2015.

[115] Zak, Anatoly. "Angara to move to Vostochny." Russianspaceweb. com. November 14, 2014. http://www. russianspaceweb. com/vostochny_angara. html. Accessed June 10, 2015.

[116] Zak, Anatoly. "Angara to move to Vostochny." Russianspaceweb. com. November 14, 2014. http://www. russianspaceweb. com/vostochny_angara. html. Accessed June 10, 2015.

[117] Staff Writers. "Work completed on satellite launch center in Hainan." SpaceDaily. com. October 21, 2014. http://www. spacedaily. com/reports/Work_completed_on_satellite_launch_center_in_Hainan_999. html. Accessed May 13, 2014.

[118] Lina Yang. "China's new rockets expected to debut within five years: scientist." Xinhua. February 5, 2012. http://news. xinhuanet. com/english/china/2012-02/05/c_131392558. htm. Accessed June 10, 2015.

第四章　人力资源

①借鉴清洗汽车后视镜的老把戏，使用干冰吹洗詹姆斯·韦伯太空望远镜测试镜。②在荷兰优乐博特罗孚通过来自德国达姆施塔特欧洲航天局航天操作中心终端实施试验指挥。③LEGO和未来可能的航天操作员聚集一起，了解如何操作美国科学与工程艺术节的探测器。④日本宇宙航空研究开发机构利用蛔虫研究太空旅行对衰老的影响。国家航天劳动力提供进行这些活动的专业知识。

图片来源（从顶部顺时针方向）：NASA，ESA，洛克希德·马丁公司，JAXA。

4.0 概述

高技术人才对全球航天行业至关重要。本章结合预算、税收及硬件发展的趋势对航天从业人员队伍进行分析，将更深入把握航天产业的状况及未来。随着美国民用劳动力连续七年衰退，航天产业从业人员也在很大程度上同样处于颓势，2013 年达到十年来的新低；欧洲却继续保持稳定增长的态势；日本 2012—2013 年略有下降，但过去五年总体呈增长趋势。如图表 4 -1 所示（见彩图）。

4.1 美国航天产业人力资源

尽管美国航天从业人员的规模持续收缩，但仍然居世界第一。美国民用航天从业人员的规模于 2006 年达到顶峰后已下降 14.4%，面临退休的员工数量不断增加，美国联邦资金来源不稳定，吸引高素质人才的竞争过于激烈，都导致 2013 年时仅雇用约 22.82 万名员工。对美国国家航空航天局雇员队伍进行的深入研究表明，联邦政府机构的从业人数也面临同样困境。美国国家航空航天局雇佣的员工规模于 2014—2015 财年减少约 2%，而符合退休条件的员工数量则攀升至 17.6%，达到历史新高。在军事和情报领域，各相关机构依然维持庞大的军人、文职人员及承包商雇员规模。由于自 2012 年起国会撤除了要求军方跟踪及报道国防部航天人员数量的要求，国防部航天从业人员趋势很难预测，但似乎也面临下行压力。

4.1.1 美国航天产业就业情况

美国劳工部统计局（Bureau of Labor Statistics，BLS）每季度都会发布由美国机构雇主提交的就业和薪资数据，该普查覆盖全美 98% 的工作岗位，是分析美国经济发展趋势最全面的数据集之一[1]。本章中出现的数据由北美产业分类体系（North American Industry Classification System，NAICS）收集并提供[2]。NAICS 根据企业从事的主要活动，根据时间序列预测该行业的未来发展趋势。本节将就美国民用航天产业中由北美产业分类体系提供的六个 NAICS 编码进行集中分析，如图表 4 -2 所示，它们分别为：搜索、探测及导航设备，制导导弹及飞行器制造，飞行器推进装置及部件制造，其他制导导弹和飞行器部件，卫星通信，空间研究及技术。

图表 4-2　2003、2008、2012 和 2013 年美国航天产业就业人员情况

类别名和 NAICS* 编码	2003 年	2008 年	2012 年	2013 年	10 年变化	5 年变化	1 年变化	定义
搜索、探测及导航设备（NAICS 编码：334511）	145692	153741	133614	127527	-12.5%	-17.1%	-4.6%	包含制造研究、探测、导航、引导、航空、航海系统及仪器
制导导弹及飞行器制造（NAICS 编码：336414）	50778	54339	54583	55894	10.1%	2.9%	2.4%	包含制导导弹与飞行器制造，和/或开发和制造导弹及飞行器样机
飞行器推进装置及部件制造（NAICS 编码：336415）	12410	15272	10867	1.259	-17.3%	-32.8%	-5.6%	包含导弹和/或飞行器推进装置和推进装置部件制造和/或研制导弹和飞行器的样机与推进装置部件
其他制导导弹和飞行器部件（NAICS 编码：336419）	6626	7842	6751	6890	4.0%	-12.1%	2.1%	包含导弹和飞行器部件与辅助设备（推进装置与推进装置部件除外）制造和/或发展和制作导弹与飞行器样机辅助设备
卫星通信（NAICS 编码：517410）	17190	12937	10266	9723	-43.4%	-24.8%	-5.3%	包含为其他通信和广播机构提供通信服务，通过卫星转发和接收通信信号，或转售卫星通信系统
空间研究及技术（NAICS 编码：927110）	17356	18474	18092	17918	3.2%	-3.0%	-1.0%	包含行政编制下，主要从事管理与运营航天活动、航天研究以及航天探索的人员，也包含该行业内由政府运营的航天飞行中心
航天产业总就业人数	250052	262605	234173	228211	-8.7%	-13.1%	-2.5%	

注：* 北美行业分类系统。数据来源：美国劳工部统计局。

虽然美国劳工部就业与薪资季度普查（Quarterly Census of Employment and Wages，QCEW）为了解航天产业提供了有价值的信息，但其行业特征并非毫无瑕疵。如搜索、探测、导航、制导、航空、航海系统既包含航天活动的仪器制造，如飞行器制导系统等，也包含非航天活动制造业，如飞机的测速仪等。将非航天活动制造业从业人员计算在内，是因为航天产业该编码所代表的领域中，个人占有相当大的比重。但另一方面，由于该编码不可能包含近 60 万名员工，物理、工程及生物领域的航天产业相关研究人员不在此列[3]。

2013 年，根据北美产业分类体系编码统计，在美国民用航天产业中，2100 家企业共雇用了约 22.82 万名员工。民用航天领域从业人员规模作为一个整体，从 2006 年的最高峰开始回落，呈每年约 2.2% 的下降趋势。2006—2013 年间，航天产业从业人员已减少约 3.85 万名，占总体规模的 14.4%，仅 2012—2013 年就减少约 6000 名员工，占比 2.5%。2014 年第二季度初步数据

显示，该趋势将持续下去[4]，如图表4－3所示。

图表4－3　2003—2014年美国航天产业核心从业人员数量

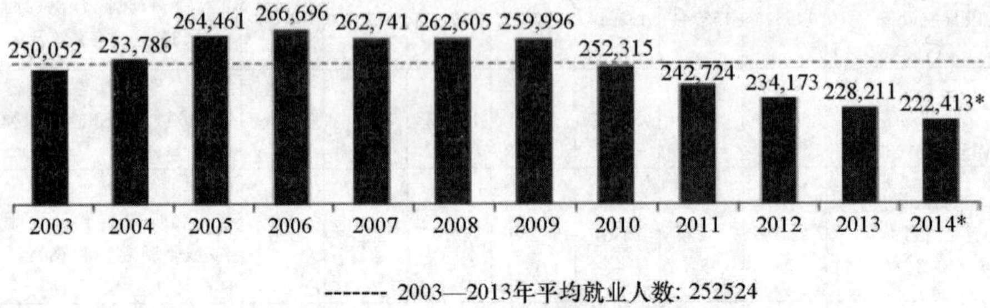

注意：* 2014年第二季度初步数据。数据来源：美国劳工部统计局。

航天从业人员规模不断缩减的主要原因是其背离了作为整体的美国劳动力市场的复苏倾向。纵观这两个劳动组织在2003年的变化指数，航天产业的人员规模明显比美国总就业人数萎缩得更早，持续时间更长，程度也更深。美国就业总人数于2010年创出最低点后开始反弹，每年保持稳步增长直至衰退前水平，同一时期的航天产业从业人员规模则经历持续稳步下降，如图表4－4所示（见彩图）。不仅如此，在科学及工程领域，航天产业的就业前景不甚明朗。根据美国国家科学基金会的统计，科学及工程领域相关人才就业率在2006—2012年期间上涨11.1%，高于美国整体就业增长率[5]。

可见，这一时期民用航天从业人员数量减少，并不平均分布于六个领域（NAICS工作编码）。自2006年起，搜索、探测及导航设备，飞行器推进装置及部件制造和卫星通信领域均减少数千名员工，各自分别下降了18.9%，25.8%和40.7%，总就业人数下降了近4万名[6]。

相比之下，其他制导导弹和飞行器部件制造及空间搜索及相关技术领域从业人员规模自2006年基本维持稳定，仅有6.7%和2.5%的较小跌幅，合计损失工作岗位不足一千个。而导弹和飞行器制造领域2006年起却增加了2400个工作岗位，实现了4.4%的增长[7]。

就业水平的趋势变化，导致几乎所有行业的薪资从2008—2013年期间均得到增长，甚至导致通货膨胀。事实上，从业人员规模变化最大的两个行业实际工资涨幅最高：卫星通信业的平均薪资增长14.7%；制导导弹和飞行器推进装置与零部件制造业增长11.0%，唯有空间研究及技术领域薪资未增长，反而下降2.5%[8]。考虑到国会颁布了一项从2010年开始为期3年的联邦雇员工资冻结计划，这一变化并不奇怪[9]。如图表4－5所示（见彩图）。

众所周知，航天产业为高薪产业，一般薪酬均高于科学和工程领域工作人员的平均水平[10]。2013 年美国民用航天产业从业人员的平均年薪为 10.8 万美元，为私营企业水平的两倍。导弹和飞行器制造也属最高行列，平均年薪薪近 12 万美元[11]。

如何解释航天产业从业人员规模稳步减小但实际薪资却有所增长，颇具有挑战性。航天产业从业人员的减少与企业为应对政府预算紧缩而致力于提高生产效率有关。尤其是 2010、2011 和 2012 年的变化可能与航天飞机退役及“星座”计划被取消有关，但重点发展新计划及精简商业航天实体也可能在持续的趋势变化中发挥一定作用[12]。当然，由于北美工业分类体系并不能完美描述航天产业，数据中呈现的某种趋势可能来源于航天经济外的其他驱动因素。

聘用或裁员的理由各不相同。虽然美国国家航空航天局公布商业航天计划，以及波音公司宣布在佛罗里达州建立商业航天计划总部，将增加 550 个工作岗位[13]，但该公司仍宣布计划裁员 130 人[14]。波音公司的竞争对手内华达山脉公司并非商业航天计划的参与者，仅宣布裁撤科罗拉多州雇员的 9%，即约 100 人[15]。作为公司年度审查过程的一部分，空间探索公司为提高工作效率宣布解雇 150 名员工，约占雇员总数的 5%，但该公司已开始着手兴建位于得克萨斯州南部的新发射场，并考虑在西雅图开设办事处。预计 2014 年雇员人数将增长 20%[16]。

尽管航天产业从业人员整体规模呈缩小趋势，但多家公司经常发布吸引优秀人才和增加从业人员实际薪资的措施并提供众多职位，均表明航天产业的就业需求仍然旺盛。根据美国国家科学基金会的统计，由于科学和工程专业人才需求不断扩大[17]，航天产业正面临来自其他行业的挑战，这些行业可提供更高薪水，更舒适的工作环境以及更稳定的职业晋升机会。如美国国家航空航天局埃姆斯研究中心（Ames Research Center）的职员大多在离职后进入谷歌和脸谱（Facebook）等互联网公司工作[18]。洛克希德·马丁公司在科罗拉多州与丹佛大都会州立大学（Metropolitan State University of Denver）开展人才合作，邀请学生参与公司的研究工作。学生不仅能获得第一手的实践经验，还能在项目结束后得到相应工作申请许可[19]。

老员工不愿离职也是航天产业无法吸引新人加入的重要因素。《航空周刊》2014 年劳动力研究报告显示，2013 年航空航天及国防工业从业者的平均年龄为 45.1 岁，约 8% 已达到退休资格，但仅有 1.5% 选择退休。2014 年平均年龄攀升至 46.3 岁，9.6% 达到退休资格[20]。各公司对退休年龄有不同规定，通常限定在 65 岁左右且与工龄有关[21]。在美国，有资格领取退休金的年龄为 65 ~ 67 岁。如后文所述，美国国家航空航天局的情况也是如此。美国国家航空航天局 17.6% 的雇员将在 2015 财年初达到退休资格。不仅航天产业，美国劳动力也整体呈现老龄化趋势。1992 年全美 55 岁以上的劳动力人口不足 12%，而到 2022 年，据美国劳工部统计局估计这一数字将超过 25%。对于 80% 的工作岗位来说，复职需求将有望超过入职需求[22]。

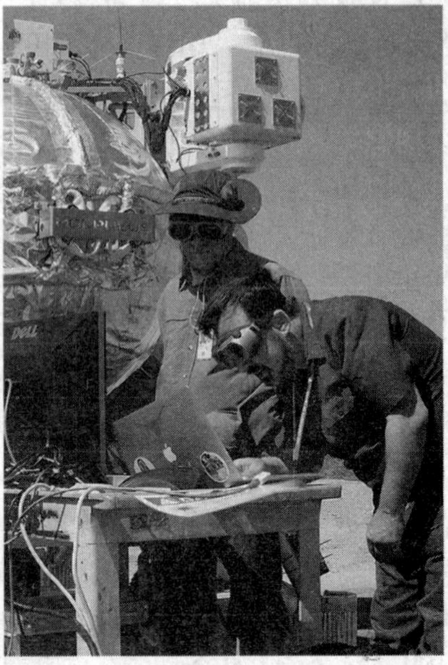

NASA 墨菲斯项目是研发可重复使用的垂直起飞和着陆的实验原型着陆器，图中工程师准备进行吊飞测试。（NASA 供图）

美国国家科学基金会认为技术人员数量的增长，主要得益于越来越多的美国女性和少数族裔获得美国科学及工程领域学位[23]。自 2002 年以来，虽然学习航空航天工程专业的女性人数有所增加，但 2012 年美国授予的航空航天及工程学士学位中，仅有 14.5% 由女性获得[24]。女性在航空航天及国防产业中所占比重不足三分之一，少数族裔不到四分之一[25]。美国国家航空航天局是拥有最多科技人员和工程师的联邦机构，但女性和少数族裔却占比最低[26]。一项针对太阳和空间物理领域的调查也证实女性和少数裔人群占比极低，非洲裔和西班牙裔美国人仅占从业人员总数的 3%。针对女性进行的调查结果表明，超过 31% 的受访女性认为性别歧视和缺少家庭关爱政策是其职业生涯的最大障碍[27]。

4.1.2 美国国家航空航天局雇员情况

2015 财年初，美国国家航空航天局拥有 17731 名雇员，自 2011 财年以来已减少 1000 名约 5.4% 的员工，如图表 4－6 所示。这种变化与航天飞机退役、“星座”项目被取消及预算被迫缩减相一致。美国几乎所有的航天中心雇员数量都出现了不同程度的减少，尤以约翰逊航天中心和肯尼迪航天中心为甚。2011—2015 财年期间，两个中心分别缩减 9%，减少雇员约 300 名和 200 名。美国国家航空航天局的所有雇员中，职员的裁撤幅度最大，同比减少约 40%，技术人员则减少约 27%。美国国家航空航天局在同一时期也减少了约 300 名工程技术人员，但由于这一群体规模数量较大，因此仅比占 3%[28]。

图表 4-6 2005—2015 财年美国国家航空航天局文职人员数量统计

数据来源：NASA 雇员信息数据库（WICN）。

美国国家航空航天局雇员的年龄结构在此时期继续发生变化，但由于数量减少来源于裁员而非劳动力自然老化，因此很难预测和确定变化程度。2011—2015 财年，55 岁以下的美国国家航空航天局雇员数量下降了 12.4%。减少的 1770 名雇员中，大部分为 35～54 岁。35 岁以下的雇员数量减少了 153 名，约占 5.5%。同一时期 54 岁以上的雇员数量却增长了 16.9%（757 人）[29]，如图表 4-7 所示。

图表 4-7 2015 财年美国国家航空航天局文职人员数量统计

	雇员人数	占比
科技人员	11272	63.6%
女性	6177	34.8%
35 岁以下	2654	15.0%
54 岁以上	5239	29.5%
符合退休条件	3120	17.6%

注：2015 年财年，NASA 文职人员总数为 17731 名，NASA 雇员的退休资格与年龄和工龄有关。数据来源：NASA 员工信息数据库（WICN）。

1995—2015 年美国国家航空航天局雇员的老龄化趋势请见图表 4-8（见彩图）。2015 财年初，美国国家航空航天局的员工年龄情况可大致分为：50～54 岁占 1/4；54 岁以上占 1/3；35 岁以下仅占 15%。这与 1995 财年的情况几乎完全相反。1995 年时，35 岁以下占 31%；54 岁以上者仅占 17%。17.6% 的美国国家航空航天局雇员在 2015 财年初达到退休资格，美国国家航空航天局所属各中心公布的数字略有不同，如艾姆斯研究中心公布的数字为29.6%[30]。

部分人认为，退休人员延迟退休既可作为劳动力奉献精神和员工满意度的最好证明，也与经济衰退及个人财务陷入困境有关。无论雇员出于何种原因选择留下，大规模退休可能给机构带来潜在风险，难以维持正常工作秩序并确保知识的继续性[31]，这将使得联邦员工需兼职工作，员工需付出至少五分之一的工作时间指导新入职员[32]。美国国家航空航天局正在为这一政策制定指导意见，预计 2015 年开始实施[33]。

尽管面临挑战，但根据“公共服务合作组织”发布的“联邦政府工作最佳岗位”调查排名，美国国家航空航天局仍成为雇员满意度最高的联邦政府机构[34]。超过 85% 的员工表示喜欢他们所做的工作，87% 的人说他们知道所做工作的目标和重点，另有 98% 的人愿意付出额外的努力来完成工作，而这恰好阐释了美国国家航空航天局雇员的奉献精神[35]。

4.1.3 国家安全航天人力资源

美国战略司令部（USSTRATCOM）的任务领域为空间作战、战略核力量、网络安全及其他战略威胁[36]。太空联合职能分司令部（Joint Functional Component Command for Space，JFCC Space）负责执行美国战略司令部的空间任务，总部位于加利福尼亚州范登堡空军基地，主要任务为协调、计划、整合、指挥和控制太空作战，支援国家、美国战略司令部和作战指挥官的具体目标。太空联合职能分司令部所属的联合太空作战中心（Joint Space Operations Center，JSpOC）负责整合所有美国卫星收集的数据，强化太空侦察能力，并监控所有美国卫星的行踪，防范潜在对手攻击美国太空资产[37]。

美国空军太空司令部（AFSPC）总部位于科罗拉多州彼得森空军基地，主要任务是为美国及其盟国提供空间与网络空间作战能力。美国空军太空司令部在世界 134 个国家和地区拥有 4 万多名人员。位于加利福尼亚州范登堡空军基地的美国空军第 14 航空联队负责航天发射操作，卫星定位、导航与授时，通信，导弹预警和太空指挥控制等。2012 年底，美国空军第 14 航空联队有 2 万多人，包括 7600 名现役军人、6600 名文职人员及 11200 名雇员[38]。美国空军太空司令部直属机构——位于加利福尼亚州洛杉矶空军基地的空间与导弹系统中心（Space and Missile Systems Center）负责国防部空间系统的研发、获取及备份[39]。2014 年该中心共有军人、文职人员和雇员约 5900 人[40]。美国空军太空司令部最小的直属单位为空军频谱管理办公室，仅有 13 名军人、26 名文职人员和 11 名雇员，主要职责是为美国空军及国防部制定活动规划、提供和接入无线电频谱[41]。

虽然美国国会不需要各军兵种向其报告所属太空职业人才的状态，但空军仍保留了空军职业代码（Duty Air Force Specialty Code）数据库。利用该数据库可跟踪每个职业代码的人员数量，深入了解军事太空人才的规模及组成。如图表4-9所示（见彩图）。如职业代码13A和13S分别代表宇航员和太空作战人员，1C6和1N1分别代表应征入伍的太空系统操作员和地理空间情报分析师，以及在美国空军太空司令部工作的文职人员。2014年财年26.5%的空军太空作战人才为女性。77.3%（4415名）的现役士兵和军官为35岁以下。美国空军太空作战人才中的文职人员相对年长，21.8%（1598名）员工在2014财年已达到退休资格[42]，如图表4-10所示。

图表4-10　2014年财年美国空军太空作战人才统计

	总人数	占比
女性	3447	26.5%
35岁以下*	4415	77.3%
54上以上*	160	2.8%
符合退休条件**	1598	21.8%

注：*仅统计士兵及军官；**仅统计文职人员。美国空军太空作战人才总数为13028人，含文职人员7318人。来源：美国空军人事中心互动人才统计分析系统。

由于职业代码经常发生调整，因此利用该数据库无法精确查看长期趋势。如2013年前13S代码代表导弹和空间作战人员，调整后将850名导弹操作员从太空作战人员中划出。这种变化与2012—2013财年空间作战人才数量较多有关。但代码调整后，美国空军空间作战人才数量2004—2014年仍增长了9.5%。如果不考虑13S职业代码的调整这个数字将超过30%[43]。

美国陆军也需要利用天基作战能力[44]。美国陆军空间与导弹防御司令部/陆军战略司令部（USASMDC/ARSTRAT）负责实施陆军的空间作战行动，也是陆军空间现代化建设的支持者[45]。为确保拥有足够数量的合格太空作战人才，美国陆军长期维持由2400名现役军人和文职人员组成的太空作战人才队伍，包括曾接受过专业训练的250名空间作战军官，许多人曾参加工业界有关培训或学习硕士和博士高等课程。空间作战人员的主要职业特征不是太空，而是执行任务的人员或拥有可应用于空间作战行动的相关技能[46]。

海军方面，空间与海战系统司令部（Space and Naval Warfare Systems Command，SPAWAR）负责为海军指挥、控制、通信、计算机、情报、监视和侦察提供硬件和软件支持，是全球范围内连接海上、陆地和空中的指挥中枢。该司令部在世界各地拥有9500多名现役军人和文职、行政人员[47]。美国海军中的太空作战人才是一支超过1700人，包括现役军人、预备役和文职人员，具有跨领域专业知识和技能的队伍（人员），能够为美国海军管理太空资产，保卫海上和空间利益[48]。此外，海军陆战队也拥有一支规模相对较小，仅由100多名专业人士组成的太空作战人才队伍[49]。

美国陆军空间作战操作员和地理空间信息分析工程师在自然灾害应对演习中协同工作。2014年由于洪水、山体滑坡及传染性疾病等灾害，共启动有关航天与重大灾害的国际宪章41次。（美国陆军国民警卫队供图）

情报界方面，美国国家侦察局和美国国家地理空间情报局在太空相关领域都扮演重要角色。美国国家侦察局总部位于弗吉尼亚州，负责为美国政府设计、组装并发射侦察卫星，并协调、收集和分析从中央情报局以及军事机构的航天飞机、卫星收集到的情报，拥有武警、中央情报局和国防部文职人员近3000人[50]。美国国家地理空间情报局总部位于弗吉尼亚州斯普林菲尔德，是一家负责为军事决策者和行动部门提供战略、战术图像情报支援的情报机构。虽然美国国家地理空间情报局拥有的1.45万名雇员由政府文职人员、军官及承包商组成，但仅有部分从事卫星数据相关工作[51]。

与文职太空人才类似，军事太空人才也受到联邦预算紧缩的影响。国防部负责研究和工程的助理国防部长阿兰·薛佛（Alan Shaffer）2014年5月在参议院委员会提供证词时指出，预算紧缩已导致空间专业人才数量的减少并开始影响队伍整体的状态[52]。美国空军太空司令部司令约翰·海顿（John Hyten）将军也指出，由于国防部计划削减20%的运营成本和工作人员，预计将有230名在科罗拉多太空司令总部工作的承包商人员失去工作岗位[53]。

美国国防部不仅应考虑航天专业人才队伍的规模，也关注专业知识和技能。美国国家科学院于2014年发布一份有关（国防部）推进全球科学和技术战略合作重要性的报告，指出：这种战略性合作对美国军事太空行动尤为重要。由于世界上已有超过35个国家有能力实施太空活动，即代表航天技术的新发展可能来自世界任何地方。科技全球化使国际知识交流成为发展与领先优势的最重要驱动力。但美国，尤其是美国国防部并不愿参与国际科技合作[54]。

国防部的科学家和工程师在从基本技术过渡到军事应用的过程中发挥了关键驱动作用。他们不仅需要掌握专业知识，还需与该领域最前沿最先进的技术团体合作。不仅要把握国际前沿动态，还需亲自参与。然而，国防实验室和研究中心的研究人员通常面临研究资金短缺、限制出境（如无法参加国际会议）的局面，这不仅影响他们关注全球前沿研究发展动态，也妨碍国防部招募和留住顶尖人才。美国国家科学院的报告建议国防部应制定相关战略，确保研究人员可接触国际上的研究团体，以保持科技进步的全球意识[55]。

2014年2月，美国国防部副部长弗兰克·肯德尔（Frank Kendall）给军事部门的参谋长们发布了一份备忘录，提醒他们关注与军工企业交流的重要性，应参加技术研讨会。他指出，即使在财政紧缩时期，也应尽可能调动可用资源，多参加与技术发展动态相关的学术活动，提升工作能力[56]。

4.1.4 美国航天产业前景

美国劳工部统计局每隔两年便根据劳动力资源与经济预期、人口统计与技术的变化以及其他各因素，发布一份就业预测报告。2014年1月，美国劳工部统计局发布《2014—2015职业前景手册》，内容涵盖对2012—2022年未来10年就业前景的预测[57]，预计美国社会总就业人数将在这段时间内增长10.8%[58]。

手册中涉及航天产业的职业主要为航天工程师、航天工程与运营技术人员、天文学家以及大气及空间科学家。这些职业前景各不相同，预计航天工程与运营技术人员的数量在2012—2022年十年间将保持不变，航天工程师人数预计增长7%，而天文学家和大气及空间科学家预计将增长10%，与整体就业增幅保持一致[59]，如图表4－11所示。

图表4-11　美国航天产业相关职业及预测增长率

职业	简要描述	2012年平均年薪(美元)	2012年(美国)从业人数	2022年(美国)从业人数(预测)	10年增长率
航空工程师	设计或制造飞行器、导弹、国防系统等	$103720	83000	89100	7%
航空工程与运营技术人员	用于开发、测试和生产新设备或飞机和宇宙飞船操作和维护	$61530	9900	9900	0%
天文学家	研究行星、恒星、星系和其他天体的运动、组成、起源等	$96460	2700	2900	10%
大气及空间科学家	使用气象气球、雷达系统、卫星和传感器收集数据,监测天气变化,研究天气、气候以及其他大气现象等。	$89260	11100	12200	10%

注:数字采用四舍五入。数据来源:美国劳工部统计局《职业前景手册》。

航天工程师、天文学家和大气及空间科学家三个职业的初级职位均要求求职者至少具备学士学位。纵观整个就业环境，要求初级职位至少为第三级教育（高等教育）的职业需求明显比入门门槛较低的职业增长更为迅速[60]。航天工程师和航天工程与运营技术人员增长率相对较低，是由于该类人员受雇于制造业，从业人员规模将在2012—2022年间实现收缩。计算测试软件行业的迅猛发展也推动传统技术人员向实施高端技术测试任务的转变[61]。

预计未来高校对天文学家和大气及空间科学家的需求增长较快，但在高校谋求永久性研究职位的竞争却非常激烈。一项针对太阳和太空物理领域的最新研究发现，2010年该领域刊登的学术广告数量创10年来新低[62]。拥有科学和数学学位，接受过良好训练的大气及空间科学家的就业前景看好。由于科技领域的主要投资人为联邦政府，预算紧缩将使相关行业发展受限，就业机会也相应减少[63]。

4.2　欧洲航天产业人力资源

欧洲航天工业制造协会每年均发布针对欧洲航天产业的调查报告。调查的重点为航天产业的设计、开发与制造，不含发射或卫星运营等航天服务企业，也不包括全球卫星定位系统接收器或卫星电视等非航天产品。由于阿丽亚娜航天公司、卢森堡 SES 公司、欧洲通信卫星组织及国际海事卫星组织等知名航天公司和机构均未列入调查，实际数据将再增加数千人[64]。

2013 年欧洲航天产业从业人员数量继续保持自 2005 年以来的稳步增长态势，同比 2005 年增长 26.6%（7600 人），其中 505 人为 2012—2013 年新入职，同比增长 1.4%。如图表 4－12 所示。欧洲各国的增长率各不相同，法国、德国、意大利、美国、西班牙和比利时六国拥有的航天产业从业人员占欧洲的 90% 以上，六国中，法国、德国和西班牙 2012—2013 年的增长率为正，其他国家却出现了下降[65]，如图表 4－13 所示。欧洲航天产业从业人员结构如图表 4－14 所示，ESA 工作人员结构如图表 4－15 所示。

图表 4－12　2003—2013 年欧洲航天产业从业人员数量

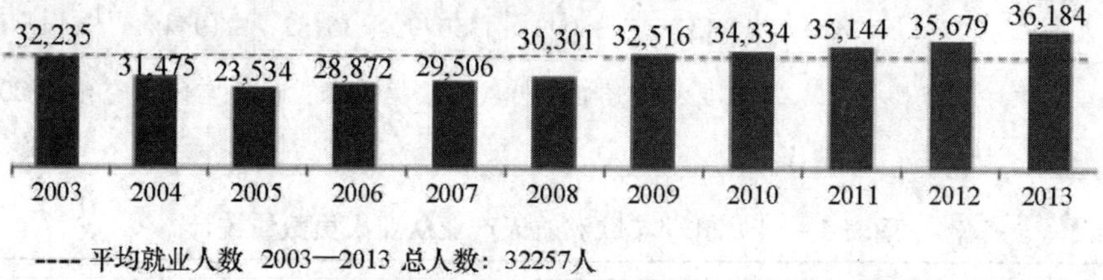

来源：欧洲空间研究组织 2014 年真实数据。

图表 4－13　2008—2013 年部分欧洲国家航天产业从业人员人数

从业人数 国别	2008	2009	2010	2011	2012	2013	5 年 变化率	1 年 变化率
法国	11641	12288	12082	12778	13205	13641	17.2%	3.3%
德国	4962	5270	6112	5702	6425	6898	39.0%	7.4%
意大利	3985	4490	2095	5331	4711	4578	14.9%	－2.8%
英国	3437	3532	3554	3667	3777	3553	3.4%	－5.9%
西班牙	2095	2212	2526	2444	2493	2518	20.2%	1.0%
比利时	1284	1523	1446	1542	1438	1405	9.4%	－2.3%
瑞士	743	783	796	737	821	794	6.8%	－3.3%
瑞典	641	664	760	759	758	760	18.6%	0.3%

（续表）

从业人数 / 国别	2008	2009	2010	2011	2012	2013	5年变化率	1年变化率
荷兰	460	610	794	917	835	730	58.7%	-12.6%
挪威	254	276	293	297	303	369	45.2%	21.8%
澳大利亚	301	318	320	328	337	355	18.0%	5.3%
丹麦	167	216	231	210	212	224	34.5%	5.7%
芬兰	153	172	150	173	164	155	1.6%	-5.5%
葡萄牙	109	101	118	131	126	129	18.1%	2.4%
爱尔兰	42	30	26	46	47	47	13.0%	0.0%
卢森堡	27	31	31	31	26	26	-3.8%	0.0%
总人数	30301	32516	34334	35093	35679	36182	19.4%	1.4%

注：数字采取四舍五入，与准确数据略有出入。数据来源：欧洲空间研究组织2014年真实数据。

图表4-14　2013年欧洲航天产业从业人员数量统计

	就业人数	就业率
女性	7259	20.1%
35岁以下	7658	21.2%
54岁以上	7059	19.5%

数据来源：欧洲空间研究组织2014年真实数据。

图表4-15　2014年ESA工作人员情况统计

	人数	占比
科技人员	1286	57.6%
女性	576	25.8%
35岁以下	99	4.4%
54岁以上	496	22.2%

注：2014年ESA工作人员总数为2234人。

数据来源：ESA。

欧洲未来的航天活动将侧重于精简航天产业从业人员队伍。仅 50 家欧洲企业参与开发“阿丽亚娜 6 号”新型运载火箭，明显少于目前参与“阿丽亚娜 5 号”时的 150 家[66]。2014 年，欧洲宇航防务集团（EADS）与航天业巨头阿斯特里姆（Astrium）公司、安防系统（Cassidian）公司合并后，改名空中客车（Airbus）公司，整合三家公司与防务和空间有关的任务，成立新公司的防务及空间部门，预计未来三年内将削减 2470 个职位。作为“阿丽亚娜 5 号”运载火箭的投资商和主要承建商，空中客车公司认为此举将有助于提升集团的整体竞争力和盈利能力[67]。2014 年 2 月，该公司宣布出售防务及空间部门旗下的商业卫星通信业务，员工总数进一步减少[68]。但英国工程技术学会最新发布的一份报告指出，有六个产业最有可能为下一代英国的工程师和技术人员创造更多就业机会，航天探测器和推进系统均位列其中，显示其他国家也有提升的空间[69]。

4.3　日本航天产业人力资源

2012—2013 年，日本航天产业从业人员总数减少 2.5% 约 200 个岗位，2013 年从业人员规模为 7978 人，远高于 2008 年 5189 人的最低点，涨幅达 53.7%，如图表 4－16 所示，但依然未恢复到 1990 年超过 1 万人的水平。日本航空航天工业协会（Society of Japanese Aerospace Companies，SJAC）每年均实施针对日本航天产业人力资源状况的调查[70]，情况如图表 4－17 所示。

日本宇宙航空研究开发机构的员工数量近些年来保持相对稳定，如图表 4－18 所示。2013—2014 年仅增加 6 人。过去五年（2009—2014 年）日本宇宙航空研究开发机构员工数量下降 4.1%；2004—2014 间共减少 180 个工作岗位，跌幅达 10.5%[71]。该组织员工构成如图表 4－19 所示。

图表 4－16　2003—2013 年日本航天产业从业人员数量

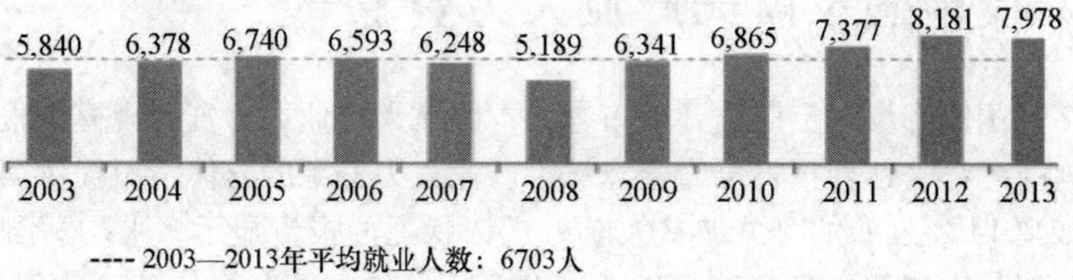

数据来源：日本航空航天工业协会。

图表 4－17　2008—2013 年日本航天产业从业人员数量统计表

就业产业	2008 年	2009 年	2010 年	2011 年	2012 年	2013 年	5 年变化	1 年变化
飞行器	3538	4200	4483	4826	5383	5365	51.6%	－0.3%
地面设施	1099	1233	1416	1645	1646	1529	39.1%	－7.1%
软件	552	908	965	907	1153	1084	96.4%	－6.0%
总人数	5189	6341	6864	7378	8182	7978	53.7%	－2.5%

数据来源：日本航空航天工业协会。

图表 4－18　2004—2014 年日本宇宙航空研究开发机构员工总数

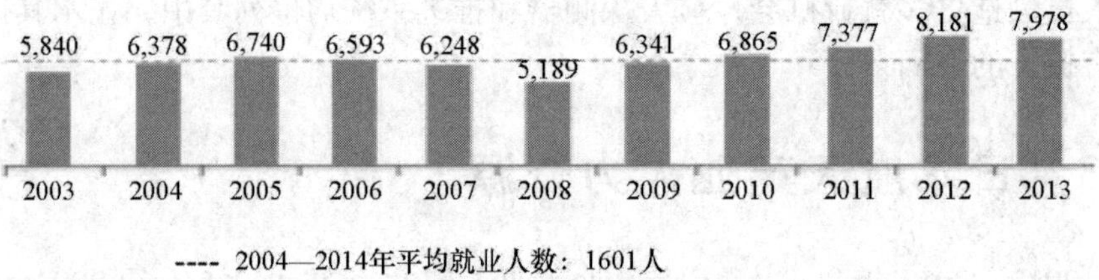

数据来源：日本航空航天工业协会。

图表 4－19　2014 年日本宇宙航空研究开发机构员工构成

	总人数	占比
工程技术人员	1081	70.7%
35 岁以下	334	21.8%
54 岁以上	129	8.4%

注：日本宇宙航空研究开发机构员工总数为 1529 人。

数据来源：日本宇宙航空研究开发机构。

4.4　其他国家航天产业人力资源

多数国家都没有定期公开发布有关本国航天产业人力资源规模的报告分析近期就业趋势，这种报告可为全球航天产业人力资源的总体情况提供第一手材料。如 2014 年发布的有关加拿大航天机构状况的报告显示，平均薪酬降低的同时，雇员人数却逆势增长，2011—2012 年共增加 500 个岗位[72]。为应对航天产业的生产率低下，俄罗斯 2014 年提出在 2025 年前为国有航天工业集团和联合火箭航天公司（United Rocket and Space Corporation）的员工实施奖励、增加培训支出以及双倍工资等措施。目前航天产业的平均薪资为每月44500卢布（约合1310美元），比俄罗斯全国平均月薪资高出近50%。预计经过多次改革和调整后，俄航天部门将拥有19.6万人的雇员规模[73]。但包括海上发射公司、国际发射服务公司（ILS）和“阿丽亚娜”火箭公司在内的其他火箭发射供应商为保持竞争力，均宣布计划裁员三分之一以应对市场挑战[74]。

图表4－20 2014年部分国家航天机构雇员人数统计

国家	机构	雇员数量
阿塞拜疆	Azərbaycan Milli Aerokosmik Agentliyinin（AMAKA）	980
加拿大	加拿大航天局	670
捷克共和国	捷克空间办公室	14
埃及	埃及国家遥感与空间科学局	80
欧洲	欧洲航天局	2230
法国	法国国家太空研究中心	2450
德国	德国宇航中心	8000
希腊	空间应用和遥感研究所	90
匈牙利	匈牙利太空办公室	250
印度	印度太空研究组织	18560
印度尼西亚	印度尼西亚国家航空航天研究所	1210
意大利	意大利宇航局	200
日本	日本宇宙航空研究开发机构	1529
挪威	挪威航天中心	40
美国	美国国家航空航天局	17730

图表4－20为根据公开信息来源统计的部分国家航天机构雇员人数。虽然可直观地对数据进行对比，但各国航天产业的组织机构情况各异，如印度几乎所有的空间活动都由政府机构开展，但其他一些国家可能仅维持相对规模较小的机构，主要依赖与大型工业企业签订合同来开发航天产业。

参考文献

[1] Bureau of Labor Statistics, U. S. Department of Labor. Quarterly Census of Employment & Wages. January 2015. http://www. bls. gov/cew/. Accessed January 22, 2015.

[2] Bureau of Labor Statistics, U. S. Department of Labor. North American Industry Classification System (NAICS) at BLS. October 19, 2013. http://www. bls. gov/bls/naics. htm.

[3] Bureau of Labor Statistics, U. S. Department of Labor. Quarterly Census of Employment & Wages. January 2015. http://www. bls. gov/cew/. Accessed January 22, 2015.

[4] Bureau of Labor Statistics, U. S. Department of Labor. Quarterly Census of Employment & Wages. January 2015. http://www. bls. gov/cew/. Accessed January 22, 2015.

[5] National Science Board. Science and Engineering Indicators 2014. Arlington VA: National Science Foundation (NSB 14-01). 2014.

[6] Bureau of Labor Statistics, U. S. Department of Labor. Quarterly Census of Employment & Wages. January 2015. http://www. bls. gov/cew/. Accessed January 22, 2015.

[7] Bureau of Labor Statistics, U. S. Department of Labor. Quarterly Census of Employment & Wages. January 2015. http://www. bls. gov/cew/. Accessed January 22, 2015.

[8] Bureau of Labor Statistics, U. S. Department of Labor. Quarterly Census of Employment & Wages. January 2015. http://www. bls. gov/cew/. Accessed January 22, 2015.

[9] Bureau of Labor Statistics, U. S. Department of Labor. Quarterly Census of Employment & Wages. January 2015. http://www. bls. gov/cew/. Accessed January 22, 2015.

[10] National Science Board. Science and Engineering Indicators 2014. Arlington VA: National Science Foundation (NSB 14-01), 2014.

[11] Moore, Jack. "Feds Will Soon See First Pay Raise in Three Years - but Not All Will Benefit." Federal News Radio. January 1, 2014. http://www. federalnewsradio. com/204/3533871/Feds-will-soon-see-first-pay-raise-in-

three-years---but-not-all-will-benefit. Accessed January 22, 2015.

[12] Du, Susan. "Space Flight: Increasingly, Gifted Individuals Are Opting for the Private Sector Over NASA." Houston News. August 13, 2014. http://blogs.houstonpress.com/news/2014/08/space_flight_some_of_the_best_and_brightest_engineers_are_leaving_nasa_for_the_private_sector.php. Accessed January 22, 2015.

Chaikin, Andrew. "Is SpaceX Changing the Rocket Equation?" Air & Space Magazine. January 2012. http://www.airspacemag.com/space/is-spacex-changing-the-rocket-equation-132285884/? page = 3&no-ist. Accessed January 22, 2015.

[13] Dean, James. "Boeing, SpaceX win NASA contract to fly crews." USA Today. September 16, 2014. http://www.usatoday.com/story/tech/2014/09/16/nasa-space-station-crew-capsule-announcement/15722729/. Accessed January 22, 2015.

[14] Roop, Lee. "Being layoffs target 130 jobs in Huntsville, elsewhere as work shifts on NASA Space Launch System." AL.com. November 20, 2014. http://www.al.com/news/huntsville/index.ssf/2014/11/boeing_layoffs_in_huntsville_t.html. Accessed January 22, 2015.

[15] Foust, Jeff. "Sierra Nevada Protests Commercial Crew Award, Lays Off Staff." SpaceNews.com. September 26, 2014. http://spacenews.com/article/civil-space/42008sierra-nevada-protests-commercial-crew-award-lays-off-staff. Accessed January 22, 2015.

[16] Foust, Jeff. "SpaceX Says 'Headcount Reduction' Due to Annual Reviews, Not Layoffs." SpaceNews.com. July 29, 2014. http://spacenews.com/41428spacex-says-headcount-reduction-due-to-annual-reviews-not-layoffs/. Accessed January 22, 2015.

Kocherga, Angela. "Brownsville students learn from SpaceX." KHOU. November 18, 2014. http://www.khou.com/story/news/local/texas/2014/11/18/brownsville-students-learn-from-spacex/19239547/. Accessed January 22, 2015.

Sears, Kelton. "Space Exploration Company SpaceX is Likely Opening a Seattle-Area Office." Seattle Weekly. October 7, 2014. http://www.seattleweekly.com/home/954909-129/space-exploration-company-spacex-are-likely. Accessed January 22, 2015.

[17] National Science Board. Science and Engineering Indicators 2014. Arlington VA: National Science Foundation (NSB 14-01), 2014.

[18] Miller, Jason. "NASA Ames looks to cross-training, shared services to deal with workforce challenges." Federal News Radio. October 23, 2014. http://www. federalnewsradio. com/494/3728233/NASA-Ames-looks-to-cross-training-shared-services-to-deal-with-workforce-challenges. Accessed January 22, 2015.

[19] Keeney, Laura. "Metro partners with aerospace leaders to address workforce demands." The Denver Post. November 13, 2014. http://www. denverpost. com/business/ci _ 26926338/metro-partners-aerospace-leaders-address-workforce-demands. Accessed January 22, 2015.

[20] Burno, Michael; Hedden, Carole. "Distant Early Warning." Aviation Week and Space Technology. October 11, 2014. http://aviationweek. com/site-files/aviationweek. com/files/uploads/2014/10/AW _ 08 _ 11 _ 2014 _ workforce. pdf. Accessed January 22, 2015.

[21] U. S. Social Security Administration. Retirement Planner: Full Retirement Age. http://www. ssa. gov/retire2/retirechart. htm. Accessed January 22, 2015.

[22] Bureau of Labor Statistics, U. S. Department of Labor. Employment Projections: 2012-2022 Summary. December 19, 2013. http://www. bls. gov/news. release/ecopro. nr0. htm. Accessed January 22, 2015

Bureau of Labor Statistics, U. S. Department of Labor. TED: The Economics Daily. January 24, 2014. http://www. bls. gov/opub/ted/2014/ted _ 20140124. htm. Accessed January 22, 2015.

[23] National Science Board. Science and Engineering Indicators 2014. Arlington VA: National Science Foundation (NSB 14-01), 2014.

[24] National Science Foundation. Aeronautical and astronautical engineering degrees awarded, by degree level and sex of recipient: 1966-2010. June 2013. http://www. nsf. gov/statistics/nsf13327/pdf/tab47. pdf. Accessed January 22, 2015.

[25] Burno, Michael; Hedden, Carole. "Distant Early Warning." Aviation Week and Space Technology. October 11, 2014. http://aviationweek. com/site-files/aviationweek. com/files/uploads/2014/10/AW _ 08 _ 11 _ 2014 _ workforce. pdf. Accessed January 22, 2015.

[26] Burrelli, Joan; Falkenheim, Jaquelina. "Diversity in the Federal Science

and Engineering Workforce." National Science Foundation. January 2011. http://www.nsf.gov/statistics/infbrief/nsf11303/nsf11303.pdf.

[27] National Research Council. Solar and Space Physics: A Science for a Technological Society. Washington, DC: The National Academies Press, 2013.

[28] NASA. Workforce Information Cubes for NASA (WICN). https://wicn.nssc.nasa.gov/. Accessed January 22, 2015.

[29] NASA. Workforce Information Cubes for NASA (WICN). https://wicn.nssc.nasa.gov/. Accessed January 22, 2015.

[30] NASA. Workforce Information Cubes for NASA (WICN). https://wicn.nssc.nasa.gov/. Accessed January 22, 2015.

[31] Reilly, Sean. "At many agencies, fears of an exodus." Federal Times. December 1 2013. http://www.federaltimes.com/article/20131201/PERSONNEL01/322010004/At-many-agencies-fears-an-exodus. Accessed January 22, 2015.

[32] Yoder, Eric. "'Phased retirement' policy for federal workers unveiled." The Washington Post. June 4, 2013. http://www.washingtonpost.com/blogs/federal-eye/wp/2013/06/04/phased-retirement-policy-for-federal-workers-unveiled/. Accessed January 22, 2015.

[33] NASA. Implementation of Phased Retirement. October 20, 2014. https://answers.nssc.nasa.gov/app/answers/detail/a_id/6706/~/implementation-of-phased-retirement. Accessed January 22, 2015.

[34] Partnership for Public Service. The Best Places to Work in the Federal Government. 22 http://bestplacestowork.org/BPTW/index.php. Accessed January 22, 2015.

[35] NASA. National Aeronautics and Space Administration 2014 Annual Employee Survey Results. https://searchpub.nssc.nasa.gov/servlet/sm.web.Fetch/NASA_AES_EVS_Report_2012.pdf? rhid = 1000&did = 1428101&type = released. Accessed January 22, 2015.

[36] U.S. Strategic Command. About U.S. Strategic Command. July 2014. http://www.stratcom.mil/about/. Accessed January 22, 2015.

[37] U.S. Strategic Command. Joint Functional Component Command for Space (JFCC Space). December 2011. http://www.stratcom.mil/factsheets/7/JFCC_Space/. Accessed January 22, 2015.

USAF 30th Space Wing. Joint Functional Component Command for Space, Fact sheet. March 15, 2013. http://www.vandenberg.af.mil/library/factsheets/factsheet.asp? id = 12579. Accessed January 22, 2015.

[38] USAF 14th Air Force. 14th Air Force, Fact sheet. November 1, 2012. http://www.vandenberg.af.mil/library/factsheets/factsheet.asp? id = 4684. Accessed January 22, 2015.

[39] U.S. Air Force Space Command. Welcome to Air Force Space Command. http://www.afspc.af.mil/main/welcome.asp. Accessed January 22, 2015. U.S. Air Force Space Command. Air Force Space Command Fact Sheet. February 28, 2014. http://www.afspc.af.mil/library/factsheets/factsheet.asp? id = 3649. Accessed January 22, 2015.

[40] USAF Space and Missile Systems Center. Space and Missile Systems Center, Fact sheet. July 31, 2014. http://www.losangeles.af.mil/library/factsheets/factsheet.asp? id = 5318. Accessed January 22, 2015.

[41] U.S. Air Force Space Command. Air Force Spectrum Management Office, Fact sheet. November 18, 2014. http://www.afspc.af.mil/library/factsheets/factsheet.asp? id = 16617. Accessed January 22, 2015.

[42] U.S. Air Force Personnel Center. Interactive Demographic Analysis System (IDEAS) Report Builder. January 2, 2015. http://access.afpc.af.mil/vbinDMZ/broker.exe? _program = ideaspub.IDEAS_Step1.sas&_service = pZ1pub1&_debug = 0. Accessed January 22, 2015.

[43] U.S. Air Force Personnel Center. Interactive Demographic Analysis System (IDEAS) Report Builder. January 2, 2015. http://access.afpc.af.mil/vbinDMZ/broker.exe? _program = ideaspub.IDEAS_Step1.sas&_service = pZ1pub1&_debug = 0. Accessed January 22, 2015.

[44] USASMDC/ARSTRAT. Army Space Personnel Development Office, Fact sheet. August 30, 2010. http://www.smdc.army.mil/FactSheets/ASPDO.pdf. Accessed January 22, 2015.

[45] USASMDC/ARSTRAT. About: U. S. Army Space & Missile Defense Command/Army Forces Strategic Command. http://www.smdc.army.mil/2008/about.asp. Accessed January 22, 2015.

[46] USASMDC/ARSTRAT. Army Space Personnel Development Office, Fact sheet. August 30, 2010. http://www.smdc.army.mil/FactSheets/ASPDO.pdf. Accessed January 22, 2015.

[47] U. S. Navy SPAWAR. Competencies. http://www. public. navy. mil/spawar/Pages/Competencies. aspx. Accessed January 22, 2015.

[48] U. S. Navy Personnel Command. Space Cadre. http://www. public. navy. mil/bupers-npc/officer/Detailing/spacecadre/Pages/default. aspx. Accessed January 22, 2015.

Fellman, Sam. "Navy wants space warriors." Navy Times. May 11, 2013. http://archive. navytimes. com/article/20130511/NEWS/305080024/Navy-wants-space-warriors. Accessed January 22, 2015.

[49] Louisel, Dawn. "Marine Corps Space Cadre Update." 27 August 27 2011. http://www. slideserve. com/issac/marine-corps-space-cadre-update-maj-dawn-loisel-joint-space-plans-officer-hqmc-ppo-pli. Accessed January 22, 2015.

[50] National Reconnaissance Office. Who We Are. http://www. nro. gov/about/nro/who. html. Accessed January 22, 2015.

[51] National Geospatial-Intelligence Agency. Frequently Asked Questions (FAQs). https://www. nga. mil/About/FAQs/Pages/default. aspx. Accessed January 22, 2015.

[52] Pellerin, Cheryl. "DOD shows science, technology success despite hard year for workforce." May 15, 2014. http://www. af. mil/News/ArticleDisplay/tabid/223/Article/484787/dod-shows-science-technology-success-despite-hard-year-for-workforce. aspx. Accessed January 22, 2015.

[53] Gruss, Mike. "AMOS Conference - Hyten Sounds a Warning on a 2016 Sequestration Threat." SpaceNews. com. September 10, 2014. http://spacenews. com/article/military-space/41817amos-conference-hyten-sounds-a-warning-on-a-2016-sequestration-threat. Accessed January 22, 2015.

[54] National Research Council. Strategic Engagement in Global S&T: Opportunities for Defense Research. Washington, DC: The National Academies Press, 2014.

[55] National Research Council. Strategic Engagement in Global S&T: Opportunities for Defense Research. Washington, DC: The National Academies Press, 2014.

[56] Kendall, Frank, Undersecretary of Defense. "Memorandum for secretaries of the military departments assistant secretary of defense, research and engineering, directors of the defense and science and technology agencies." Department of Defense. February 20, 2014. https://www. aiaa. org/

uploadedFiles/Whats _ New/KendallConferencesFeb2014. pdf. Accessed January 22, 2015.

[57] "Occupational Outlook Handbook News Release." Bureau of Labor Statistics, U. S. Department of Labor. January 8, 2014. http://www. bls. gov/news. release/ooh. htm. Accessed January 22, 2015.

[58] "Occupational employment projections to 2022." Bureau of Labor Statistics Monthly Labor Review. Dec. 2013. http://www. bls. gov/opub/mlr/2013/article/occupational-employment-projections-to-2022-1. htm. Accessed January 22, 2015.

[59] Bureau of Labor Statistics, U. S. Department of Labor. Occupational Outlook Handbook, 2014-15 Edition, Aerospace Engineers. http://www. bls. gov/ooh/architecture-and-engineering/aerospace-engineers. htm. Accessed January 22, 2015.

Bureau of Labor Statistics, U. S. Department of Labor. Occupational Outlook Handbook, 2014-15 Edition, Aerospace Engineering and Operations Technicians. http://www. bls. gov/ooh/architecture-and-engineering/aerospace-engineering-and-operations-technicians. htm # tab-1. Accessed January 22, 2015.

Bureau of Labor Statistics, U. S. Department of Labor. Occupational Outlook Handbook, 2014-15 Edition, Physicists and Astronomers. http://www. bls. gov/ooh/life-physical-and-social-science/physicists-and-astronomers. htm # tab-1. Accessed January 22, 2015.

Bureau of Labor Statistics, U. S. Department of Labor. Occupational Outlook Handbook, 2014-15 Edition, Atmospheric Scientists, Including Meteorologists. http://www. bls. gov/ooh/life-physical-and-social-science/atmospheric-scientists-including-meteorologists. htm#tab-1. Accessed January 22, 2015.

[60] Bureau of Labor Statistics, U. S. Department of Labor. Employment Projections: 2012-2022 Summary. December 19, 2013. http://www. bls. gov/news. release/ecopro. nr0. htm. Accessed January 22, 2015.

[61] Bureau of Labor Statistics, U. S. Department of Labor. Occupational Outlook Handbook, 2014-15 Edition, Aerospace Engineers. http://www. bls. gov/ooh/architecture-and-engineering/aerospace-engineers. htm. Accessed January 22, 2015.

Bureau of Labor Statistics, U. S. Department of Labor. Occupational Outlook Handbook, 2014-15 Edition, Aerospace Engineering and Operations Technicians. http://www. bls. gov/ooh/architecture-and-engineering/aerospace-engineering-and-operations-technicians. htm # tab-1. Accessed January 22, 2015.

Bureau of Labor Statistics, U. S. Department of Labor. 2014 - 2015 Occupational Outlook Handbook. http://www. bls. gov/ooh/. Accessed January 22, 2015.

[62] National Research Council. Solar and Space Physics: A Science for a Technological Society. Washington, DC: The National Academies Press, 2013.

[63] Bureau of Labor Statistics, U. S. Department of Labor. Employment Projections: 2012-2022 Summary. December 19, 2013. http://www. bls. gov/news. release/ecopro. nr0. htm. Accessed January 22, 2015.

[64] Arianespace. Spaceport Introduction. http://www. arianespace. com/spaceport-intro/who-does-what. asp. Accessed January 22, 2015.

Eutelsat. Working at Eutelsat. http://www. eutelsat. com/en/careers/working-at-Eutelsat. html. Accessed January 22, 2015.

[65] ADS-Eurospace. The European Space Industry in 2014, Facts and Figures, 18th Edition. June 2014.

[66] De Selding, Peter. "Europe to Consider Radically Streamlined Supplier Base for Next-generation Ariane 6 Launcher." SpaceNews. com. January 7, 2014. http://spacenews. com/38968europe-to-consider-radically-streamlined-supplier-base-for-next-generation/. Accessed January 22, 2015.

[67] De Selding, Peter. "EADS Restructuring to Eliminate Nearly 2,500 Astrium Jobs." SpaceNews. com. December 10, 2013. http://spacenews. com/38588eads-restructuring-to-eliminate-nearly-2500-astrium-jobs/. Accessed January 22, 2015.

[68] Bray, Chad. "Airbus Seeks to Sell Some Defense and Space Operations." New York Times. September 16, 2014. http://dealbook. nytimes. com/2014/09/16/airbus-seeks-to-sell-some-defense-and-space-operations/? _r = 0. Accessed January 22, 2015.

[69] Burn-Callander, Rebecca. "Cyber warriors and space explorers: the engineering jobs of the future." The Telegraph. November 27, 2014.

http://www. telegraph. co. uk/finance/jobs/11253030/Cyber-warriors-and-space-explorers-the-engineering-jobs-of-the-future. html. Accessed January 22, 2015.

[70] "Data Book of Space Industries 2013." Society of Japanese Aerospace Companies (SJAC). December 2014.

[71] "JAXA Workforce Statistics." Correspondence with author. December 24, 2014. E-mail.

[72] Pugliese, David. "Canadian Space Revenue Down, Jobs Up in 2012." SpaceNews. com. February 3, 2014. http://spacenews. com/39380canadian-space-revenue-down-jobs-up-in-2012/. Accessed January 22, 2015.

[73] Bodner, Matthew. "Russia Plans Massive Productivity and Wage Hike for Space Industry Workforce." The Moscow Times. November 28, 2014. http://www. themoscowtimes. com/business/article/russia-plans-massive-productivity-and-wage-hike-for-space-industry-workforce/512043. html. Accessed January 22, 2015.

[74] Clark, Stephen. "Sea Launch, ILS reduce staff as projected flight rates drop." Spaceflight Now. August 24, 2014. http://spaceflightnow. com/news/n1408/24sealaunchils/#. VI8bsIrF-jx. Accessed January 22, 2015.

附 录

词 汇 表

A

Advanced Extremely High Frequency (AEHF)	先进极高频
Advanced Land Observing Satellite-2 (ALOS-2)	“先进对地观测卫星 2 号”
AgênciaEspacialBrasileira	巴西航天局
AgensiAngkasa Negara (ANGKASA)	马来西亚国家航天局
Agensi Remote Sensing Malaysia	马来西亚遥感机构
AgenziaSpazialeItaliana (ASI)	意大利航天局
Agriculture Canada	加拿大农业部
Air Force Space Command (AFSPC)	(美国)空军太空司令部
Air Force Spectrum Management Office	空军频谱管理办公室
Airbus	(欧洲)空中客车公司
Airbus Defence and Space	空客太空防御
Airbus Safran Launchers	空客－赛风合资公司
Alcântara Launch Center	(巴西)阿尔坎塔拉发射中心
Allsource Analysis	(美国)全源分析公司
Amos-4	“阿莫斯 4 号”通信卫星
Angara	(俄罗斯)“安加拉”火箭
Antares	“安塔瑞斯”火箭
Apogee	(轨道)远地点
Ariane	“阿丽亚娜”火箭
Arianespace	阿里安太空公司
Army Forces Strategic Command (ARSTRAT)	(美国)陆军战略司令部
Astrium	阿斯特里姆公司
Atlas	“阿特拉斯”火箭

Automated Transfer Vehicle (ATV)	自动转移飞行器
Automated Activation and Guidance Experiemt for Local Space (ANGELS)	“空间自主导航与制导试验”卫星
Automatic Dependent Surveillance-Broadcast(ADS-B)	广播式自动相关监视
Autonomous Spaceport Drone Ship	无人驳船浮台

B

BaikonurCosmodrome	(俄罗斯)拜科努尔航天发射场
Ballistic Missile Defense System(BMDS)	弹道导弹防御系统
Belgian Institute for Space Aeronomy (BIRA-IASB)	比利时空间高层大气物理学研究所
Björn Borg	比约图·博格公司(服装制造商)
Blue Origin	(美国)蓝源公司
Blue Origin Launch Site	(美国)蓝源发射场
BlackBridge	地理空间公司
Boeing	(美国)波音公司

C

Cabinet Office	(日本)内阁府
Camden Spaceport	(美国)卡姆登航天发射场
Canadian Space Agency	加拿大航天局
Cape Canaveral Air Force Station(CCAFS)	(美国)卡纳维拉尔角空军基地
Caribbean Spaceport	(库拉索岛)加勒比航天发射场
Cassidian	安防系统公司
Cecil Field Spaceport	(美国)塞西尔·菲尔德发射场
Cecil Spaceport	(美国)塞西尔航天发射场
Centre Spatial Guyanais (Guiana Space Centre)	(欧洲)圭亚那航天中心
Centre National d'ÉtudesSpatiales (CNES)	法国国家太空研究中心
Center for the Development of Industrial Technology (CDTI)	(西班牙)工业技术发展中心

CERES	“空间电磁信息能力”电子情报卫星系统
Chandrayaan-1 lunar orbiter	(印度)“月船 1 号”月球轨道探测器
Changing Arctic Ecosystems Initiative	北极生态系统变化项目(美国地质调查局)
China National Space Administration (CNSA)	中国国家航天局
China Manned Spaceflight Engineering Office (CMSEO)	中国载人航天工程办公室
Chinese Aerospace Science and Technology Corporation (CASC)	中国航天科技集团公司
Combined Launch Schedule Review Board (CLSRB)	(美国)联合发射计划评审委员会
ComisiónNacional de ActividadesEspaciales (CONAE)	(阿根廷)国家空间活动委员会
Commercial Crew Program (CCP)	商业乘员计划
Commercial Crew Transportation Capability (CCtCap) contract	商业载人运输能力合约
Commercial Infrastructure and Support Industries	商业基础设施及支持产业
Commercial Orbital Transportation Services (COTS) Program	商业轨道运输服务计划
Commercial Resupply Services(CRS)	商业补给服务
Commercially Hosted Infrared Payload (CHIRP)	(美国)商业寄宿红外有效载荷
Compound Annual Growth Rate(CAGR)	复合年增长率
Congreso de los Diputados	(西班牙)国会
Constellation Program	星座计划
COSPAS-SARSAT	全球卫星搜救系统
Crew Space Transportation-100 (CST-100) system	“载人航天运输 -100”系统
Crew Transportation System(CTS)	乘员运输系统
Curiosity	“好奇号”火星探测器
Cyclone-4 launch vehicle	(乌克兰)“旋风 4 号”运载火箭
Cygnus	“天鹅座”飞船

Czech Space Office	捷克空间办公室

D

Canadian Department of National Defence (DND)	加拿大国防部
Canadian Space Surveillance System	加拿大空间侦察系统
Dauria Aerospace	(俄罗斯)达翰尔航空航天公司
Defense Information Systems Agency (DISA)	(美国)国防信息系统局
Defense Meteorological Satellite Program (DMSP)	(美国)国防气象卫星计划
Defense Space Reconnaissance Program	国防航天侦察项目
Delta	“德尔塔”火箭
Defense Support Program(DSP)	(美国)国防支援计划
Department of Defense (DoD)	国防部
Department of Energy (DOE)	能源部
Department of Foreign Affairs	外务部
Direction Générale de l' Armement (DGA)	法国国防部武器装备总局
Department of State	国务院
Department of the Interior (DOI)	内务部
Department of Transportation	交通部
DigitalGlobe	(美国)数字地球公司
Direct-to-Home Television	卫星电视直播到户
Dnepr	(乌克兰)第聂伯火箭
Dombarovskiy Missile Base	(俄罗斯)栋巴罗夫斯基导弹基地
Doppler Effect	多普勒效应
core module	核心舱
Dragon	“龙”飞船
Duty Air Force Specialty Code	(美国)空军职业代码
Defense Meteorological Satellite Program(DMSP)	(美国)国防气象卫星计划

E

EADS	欧洲宇航防务集团
Earth Observation	地球观测
Earth Observation Envelope Programme	地球观测包络计划

Edwards Air Force Base	(美国)爱德华兹空军基地
Ellington Field	(美国)艾灵顿·菲尔德发射场
Environment Canada	加拿大环境部
ESA(European Space Agency)	欧洲航天局(欧空局)
ESA Ministerial conference	欧洲航天局部长级会议
Esrange Space Center	(瑞典)雅斯兰吉航天中心
EU Satellite Communications Market	欧盟卫星通信市场
Euroconsult	欧盟咨询委员会
European Council	欧洲理事会
European Defence Agency (EDA)	欧洲防务局
European Geostationary Navigation Overlay Service(EGNOS)	欧洲静地星导航重叠服务(欧洲地球同步导航覆盖服务)
European Organisation for the Exploitation of Meteorological Satellites (EUMETSAT)	欧洲气象卫星应用组织
European Railway Traffic Management System (ERTMS)	欧洲铁路运输管理系统
Eurospace	欧洲航天产业协会
Eutelsat	欧洲通信卫星组织(欧洲卫星公司、欧洲卫星通信公司)
Evolved Expendable Launch Vehicle (EELV)	改进型一次性运载火箭
ExoMars	火星探测计划
ExoMars Gas Orbiter	火星探测气体轨道探测器
Experimental Spaceplane	试验性太空飞机
Export Insurance Agency of Russia (EXIAR)	俄罗斯出口保险机构

F

Falcon 9	“猎鹰9号”火箭
Federal Aviation Administration (FAA)	联邦航空管理局
Federal Communications Commission (FCC)	联邦通信委员会
Federal Ministry for Economic Affairs and Energy	德国联邦经济与能源部
Fixed Satellite Service(FSS)	固定卫星服务
Front Range Airport	(美国)Front Range 发射场

G

Galileo	“伽利略”导航卫星系统
Geosynchronous Orbit (GSO)	地球同步轨道
Geostationary orbit	地球静止轨道
General Dynamics	通用动力公司
Generation Orbit Launch Services	轻型火箭设计公司
GEO transfer orbit (GTO)	GEO 转移轨道
German Aerospace Center's (DLR)	德国航天航空中心
Geosynchronous Space Situational Awareness Program(GSSAP)	(美国)地球同步空间态势感知项目
Giacobini-Zinner	“贾可比尼－秦诺”彗星
Global Change Observation Mission-C (GCOM-C)	全球变化观测任务-C
Global Navigation Satellite System (GLONASS)	(俄罗斯)“格洛纳斯”导航卫星系统
Global Positioning System (GPS)	(美国)全球定位系统
Global Precipitation Measurement (GPM)	全球降水量测量卫星
GNSS Agency(GSA)	欧洲全球卫星导航系统管理局
GOSAT-2	“温室气体观测卫星 2 号”
Governmental Satellite Communication(GovSatCom)	政府卫星通信协议
GPS-Aided Geo Augmented Navigation (GAGAN)	(印度)GPS 辅助型地球静止轨道增强导航系统
Gravity Recovery and Climate Experiment (GRACE) satellites	(美国)重力恢复和气候实验卫星
Ground Stations and Equipment	地面站及设备
Guiana Space Centre	圭亚那航天中心

H

Hayabusa-2	“隼鸟 2 号”(小行星探测器)
highly elliptical orbit (HEO)	大椭圆轨道
High Throughtout Satellite	高通量卫星
Hosted Payloads Solutions(HoPS)	有效载荷解决方案
Hungarian Space Office (HSO)	匈牙利太空办公室

Hubble Space Telescope	哈勃太空望远镜

I

Imagery Intelligence (IMINT)	图像情报
International Space Station(ISS)	国际空间站
Inmarsat	国际海事卫星组织
InstitutoNacional de TecnicaAeroespacial (INTA)	西班牙国家航空航天技术研究所
Independent research and development (IR&D) budgets	自主研发预算
Indian Space Research Organisation (ISRO)	印度空间研究组织
Indian Regional Navigation Satellite System (IRNSS)	印度区域导航卫星系统
India's Department of Space	印度航天部
India's Mars Orbiter Mission (Mangalyaan)	印度的火星轨道探测器("火星飞船")
InstitutoNacional de TecnicaAeroespacial (INTA)	(西班牙)国家航空航天技术研究所
Institute for Space Applications and Remote Sensing (ISARS)	(希腊)空间应用和遥感研究所
Intelsat	国际通信卫星组织
Intermediate eXperimental Vehicle(IXV)	"过渡试验飞行器"
International Cometary Explorer (ICE)	国际彗星探测器
International Sun-Earth Explorer-3 (ISEE-3)	"国际日地探险者卫星 3 号"
In-Vehicle System (IVS)	车载系统
Israel Space Agency (ISA)	以色列航天局

J

Jade Rabbit	"玉兔号"
Japan Aerospace Exploration Agency(JAXA)	日本宇宙航空研究开发机构
Jiuquan Satellite Launch Center	(中国)酒泉卫星发射中心
Joint Functional Component Command for Space(JFCC Space)	(美国)太空联合职能分司令部
Joint Polar Satellite System(JPSS)	(美国)联合极轨卫星系统计划
Joint Space Operations Center(JSpOC)	(美国)联合太空作战中心

K

Kapustin Yar	(俄罗斯)卡普斯京亚尔靶场
KARI's Satellite Information Research Center	韩国空间局卫星信息研究中心
Kazcosmos	哈萨克斯坦航天局
Kennedy Space Center	(美国)肯尼迪航天中心
Kibo	(日本)“希望号”实验舱
Korea Aerospace Research Institute (KARI)	韩国航空航天研究院
Korea Meteorological Administration's National Meteorological Satellite Center	韩国气象局国家气象卫星中心
Kourou	(欧洲)库鲁航天发射场

L

Laser Communications Terminal(LCT)	激光通信终端
LembagaAntariksadanPenerbanganNasional (LAPAN)	印度尼西亚国家航空航天研究所
LembagaPenerbangan Dan AntariksaNasional (LAPAN)	印度尼西亚国家航空航天研究所(LAPAN)
Long March	(中国)“长征”运载火箭
Lockheed Martin	洛克希德·马丁公司
Lynx	山猫航天器

M

Magnetic Resonance Imaging (MRI)	磁共振成像技术
Mars Atmosphere and Volatile Evolution (MAVEN)	(美国)“火星大气与挥发物演化任务”探测器
Mars Curiosity Rover	“好奇号”火星探测车
Mars Orbiter	(印度)火星轨道探测器
Mars Orbiter Mission (MOM) satellite	印度的火星在轨任务卫星
Masten Space Systems	麦斯登太空系统公司
Maui Space Surveillance System	毛伊岛太空监视系统
Max Planck Institute for Solar System Research	(德国)马克斯-普朗克太阳

	系研究所
Measurement and Signature Intelligence (MASINT)	测量与特征信息情报
Medium Earth Orbit (MEO)	中轨道
Meridian	(俄罗斯)"子午线"卫星
Mid-Atlantic Regional Spaceport(MARS)	(美国)中大西洋区航天发射场
Midland International Air and Space Port	(美国)米德兰国际航空航天港
Milstar	军事星
Ministério da Ciência, Tecnologia e Inovação(MCTI)	巴西科学、技术和创新部
Ministry of Agriculture, Forestry, and Fisheries	(日本)农林水产省
Ministry of Defense	(日本)防卫省
Ministry of Economy, Trade, and Industry	(日本)经济产业省
Ministry of Education, Culture, Sports, Science, and Technology(MEXT)	(日本)文部科学省
Ministry of Foreign Affairs	(日本)外务省
Ministry of Internal Affairs and Communications	(日本)总务省
Ministry of Land, Infrastructure, Transport, and Tourism	(日本)国土交通省
Ministry of Oceans and Fisheries' Maritime Satellite Center	(韩国)海洋水产部海事卫星中心
Ministry of the Environment	(日本)环境省
Mission Control Centers(MCC)	任务控制中心
Missile Warning Satellite	导弹预警卫星
Mobile Satellite Service(MSS)	移动卫星服务
Mobile User Objective System (MUOS)	移动用户目标系统
Mojave Air and Space Port	(美国)莫哈韦航空航天港
MTSAT Satellite-based Augmentation System (MSAS)	多功能传输卫星增强系统
MUltinational Space-based Imaging System(MUSIS)	多国天基成像系统(法国)

N

Nano Satellite	微卫星
Naro Space Center	(韩国)罗老宇宙中心
National Aeronautics and Space Administration (NASA)	美国国家航空航天局

NASA's Deep Space Network	NASA 深空网
NASA's Wallops Flight Facility	NASA 沃洛普斯飞行中心
NASA's Ames Research Center	NASA 埃姆斯研究中心
National Authority for Remote Sensing and Space Sciences (NARSS)	埃及国家遥感与空间科学局
National Environmental Satellite, Data, and Information Service (NESDIS)	国家环境卫星、数据及信息服务
National Geographic Information Institute	(韩国)国家地理信息研究所
National Geospatial-Intelligence Agency (NGA)	(美国)国家地理空间情报局
National Institute for Space Research	(巴西)国家太空研究所
National Oceanic and Atmospheric Administration (NOAA)	(美国)国家海洋和大气管理局
National Polar-orbiting Operational Environmental Satellite System(NPOESS)	(美国)国家极轨运行环境卫星系统
National Police Agency	(日本)警察厅
National Reconnaissance Office (NRO)	(美国)国家侦察局
Natural Resources Canada	加拿大自然资源部
National Science Foundation (NSF)	国家科学基金会
National Space Research and Development Agency (NASRDA)	国家空间研究与发展局
Near Field Infrared Experiment(NFIRE)	"近场红外试验"卫星
Netherlands Institute for Space Research (SRON)	荷兰空间研究组织
NeuroArm	神经机械臂
NIGCOMSAT	尼日利亚通信卫星
Nomex	诺梅克斯公司
North American Industry Classification System (NAICS)	北美产业分类系统
Northrop Grumman	诺斯罗普·格鲁曼公司
Norwegian Space Centre (NSC)	挪威航天中心
NUDET Detection System	核(爆)探测系统

O

Ofeq	地平线系列卫星
Offce of Space and Advanced Technology	空间和先进技术办公室

Oklahoma Spaceport	（美国）俄克拉荷马航天发射场
Oko	（俄罗斯）"眼睛"（导弹预警卫星系统）
Orbital Sciences	轨道科学公司
Orbiting Carbon Observatory-2（OCO-2）	"轨道碳观测者 2 号"
Orion Crew Capsule	（美国）"猎户座"飞船
Overhead Persistent Infrared（OPIR）	（美国）高空持久性红外监视系统

P

Pacific Missile Range Facility, Barking Sands	（美国）金沙太平洋导弹靶场
Pacific Spaceport Complex	（美国）太平洋航天发射场
Pacific Spaceport Complex-Alaska（PSCA）	（美国）阿拉斯加太平洋航天发射场
Palmachim Air Force Base	（以色列）帕勒马希姆空军基地
Paragon Space Development Corporation	（美国）完美太空发展公司
perigee	（轨道）近地点
Peterson Air Force Base	（美国）彼得森空军基地
Philae	"菲莱号"
Planet Labs	行星实验室公司
PlesetskCosmodrome	（俄罗斯）普列谢茨克航天发射场
Precision Tracking Space System（PTSS）	精确监视系统
Progress resupply ship	"进步号"补给船
Proton	（俄罗斯）"质子"火箭
Poker Flats Research Range	（美国）Poker Flats 研究靶场
Polar MILSATCOM	极地军事卫星通信卫星控制网
Polar orbit	极轨道
Polar Satellite Launch Vehicle（PSLV）	（印度）极轨卫星运载火箭
position, navigation, and timing（PNT）	导航、定位、授时

Q

Quarterly Census of Employment and Wages (QCEW)	就业与薪资季度普查
Quasi-Zenith Satellite System (QZSS)	(日本)准天顶区域导航卫星系统

R

Reaction Engines	发动机反应公司
Remote Senseing	遥感
Research, Development, Test, and Evaluation (RDT&E)	研究、发展、测试及评估预算
Rockot	(俄罗斯)"呼啸号"火箭
Roosevelt Roads Spaceport	(波多黎各)罗斯福·罗兹航天发射中心
Rosetta	"罗塞塔号"(欧洲彗星探测器)
Russian Federal Space Agency	俄罗斯联邦航天局

S

SAFRAN	赛峰集团
Satellite-based Augmentation Systems(SBAS)	星基增强系统
Satellite Communications	卫星通信
Satellite Industry Association	卫星工业协会
Satellite Launch Industry	卫星发射产业
Satellite Manufacturing	卫星制造
Satellite Radio	卫星无线电
SatishDhawan Space Centre	(印度)萨迪什·达万航天中心
Sea Launch	海上发射公司
Sea Launch Odyssey-Kiritimati Launch Area	奥德赛-基里巴斯圣诞岛海上发射区
Semnan Launch Site	(伊朗)塞姆南发射站
SES	卢森堡欧洲卫星公司
Sentinel-1A satellite	"哨兵 1A 号"卫星

Shavit	(以色列)沙维特运载火箭
Shiloh	(美国)夏伊洛发射场
Sierra Nevada Corporation	内华达山脉公司
signals intelligence (SIGINT)	通信情报
singt	信号情报
Skylon	(英国)"云霄塔"火箭
Skybox Imaging	天体成像公司
Society of Japanese Aerospace Companies(SJAC)	日本航空航天工业协会
Sohae Satellite Launching Station	(朝鲜)西海卫星发射场
South African National Space Agency (SANSA)	南非国家航天局
Space and Missile Systems Center	空间与导弹系统中心
Space and Naval Warfare Systems Command (SPAWAR)	空间与海战系统司令部
Space Based Infrared System (SBIRS)	天基红外系统
Space-Based Space Surveillance(SBSS)	天基空间监视系统
Space Coast Regional Spaceport	(美国)"太空海岸"航天发射场
Space Fence	太空篱笆
Space Foundation's Space Technology Hall of Fame	航天基金会的航天技术名人堂
Space Launch System(SLS)	航天发射系统
Space Shuttle	航天飞机
Space Situational Awareness (SSA)	空间态势感知
Space Tracking and Surveillance System-Demonstrator(STSS-D)	空间跟踪与监视系统－验证
Spacecom	(以色列)思贝视康公司
Spacelift Range System Space	航天运输范围系统
Spaceport Abu Dhabi	(阿拉伯联合酋长国)阿布扎比发射站
Spaceport America	美国航天发射场
Spaceport Hawaii	(美国)夏威夷航天发射场
Spaceport Malaysia	马来西亚航天发射场
SpaceShipTwo	(维珍银河公司)"太空船2号"

SpaceX	(美国)太空探索技术公司
SpaceX Texas Launch Site	(美国)太空探索技术公司德克萨斯州发射场
Special Purpose Dexterous Manipulator("Dextre")	专用灵巧机械臂
Square Kilometer Array (SKA)	平方公里阵列计划
State Space Agency of Ukraine (SSAU)	乌克兰国家航天局
Strap-on Boosters	捆绑助推器
Strela	(俄罗斯)"天箭号"火箭
Suborbital Commercial Human Spaceflight	亚轨道商业载人太空飞行
Sun-synchronous orbit (SSO)	太阳同步轨道
SWARM	蜂群项目(欧洲)
Swiss Space Office	瑞士空间办公室
Synthetic Air-Breathing Rocket Engine (SABRE)	协同式吸气火箭发动机
System of Differential Correction and Monitoring (SDCM)	俄罗斯差分校正和监测系统
synthetic aperture radar (SAR)	合成孔径雷达

T

Taiyuan Launch Center	(中国)太原卫星发射中心
Tanegashima Space Center	(日本)种子岛宇宙中心
Telesat	(加拿大)电信卫星公司
Thales Alenia Space	(法国)泰雷兹阿莱尼亚宇航公司
Tiangong-2	"天宫二号"
Tonghae Satellite Launching Ground	(朝鲜)东海卫星发射场
Transport Canada	加拿大交通部

U

Uchinoura Space Center	(日本)内之浦宇宙空间观测所
UK Space Agency Corporate Plan 2014-15	英国宇航署 2014—2015 年企业计划
ULA	(美国)联合发射联盟公司
ultra-high frequency (UHF)	特高频段

United Kingdom Institution of Engineering and Technology	英国工程技术学会
United Kingdom Space Agency (UKSA)	英国航天局
United Launch Alliance	联邦发射联盟
United Nations Committee on the Peaceful Uses of Outer Space(COPUOS)	联合国和平利用外层空间委员会
Union of Concerned Scientists	忧思科学家联盟
United Rocket and Space Corporation (URSC)	(俄罗斯)联合火箭航天公司
United States Department of Agriculture (USDA)	美国农业部
United States Geological Survey (USGS)	美国地质勘探局
US Army Kwajalein Atoll (Reagan Test Site)	美国陆军夸贾林环礁(里根试验场)
U. S. Air Force (USAF)	美国空军
U. S. Army Space and Missile Defense Command (USASMDC)	(美国)陆军空间与导弹防御司令部
U. S. ARNG	美国陆军国民警卫队
U. S. Bureau of Labor Statistics	美国劳工部统计局
U. S. Geological Survey	美国地质调查局
U. S. Strategic Command	美国战略司令部

V

Vandenberg Air Force Base(VAFB)	(美国)范登堡空军基地
Vega launch vehicles	“织女星”火箭
Virgin Galactic	维珍银河公司
VostochnyCosmodrome	(俄罗斯)东方发射场

W

Wallops Flight Facility/Mid-Atlantic Regional Spaceport	(美国)沃洛普斯飞行中心/大西洋中部地区航天发射场
Wenchang Launch Center	(中国)文昌卫星发射中心
White Sands Missile Range	(美国)白砂导弹靶场
Wide Area Augmentation System(WAAS)	(美国)广域增强系统
wide field-of-view staring technology	宽视场凝视技术
Wideband Global SATCOM (WGS)	(美国)宽带全球卫星通信系统

Workforce Information Cubes for NASA (WICN) NASA 雇员信息数据库
World Economic Outlook Database 世界经济展望数据库
Woomera Test Range (澳大利亚)乌美拉试验场

X

XCOR Aerospace XCOR 航空航天公司
Xichang Launch Center (中国)西昌卫星发射中心

Z

Zarya module (俄罗斯)"曙光号"功能舱

图表 1－1 “重力恢复和气候实验”卫星测量近期土壤含水量示意图

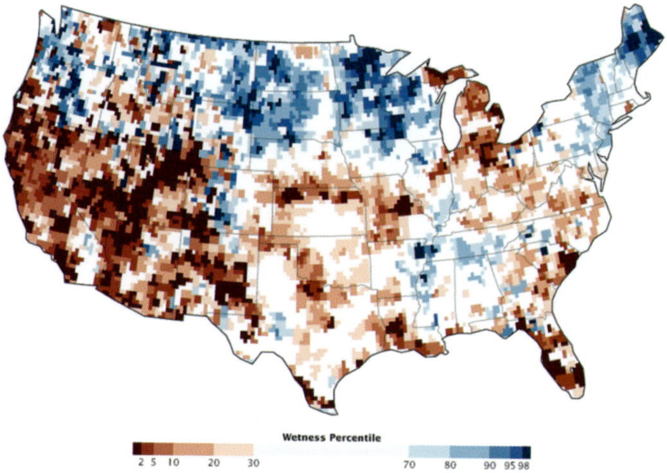

通过与 61 年来的平均数据进行对比，用以展示北美大陆的水资源分布状况。蓝色表示土壤含水量充裕，红色表示含水量不足。（NASA 供图）

图表 2－2 2014 年全球航天活动概况

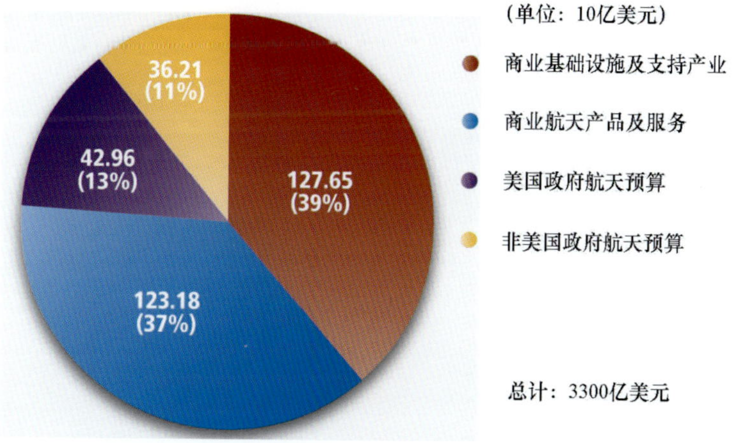

数据来源：美国航天基金会。

图表 2－4　2012—2014 年航天发射市值

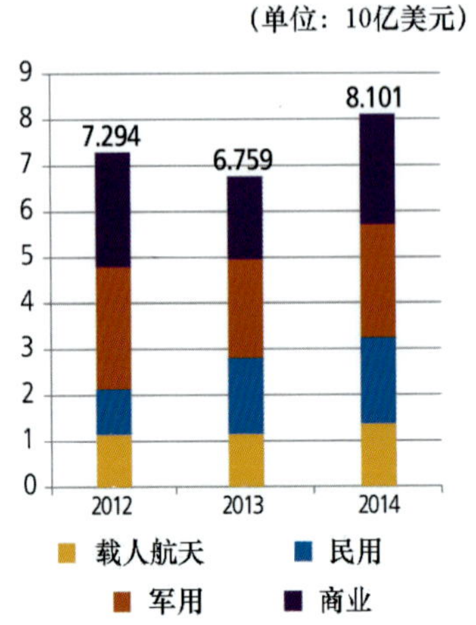

数据来源：Eurospace。

图表 2－5　2014 年航天发射活动次数

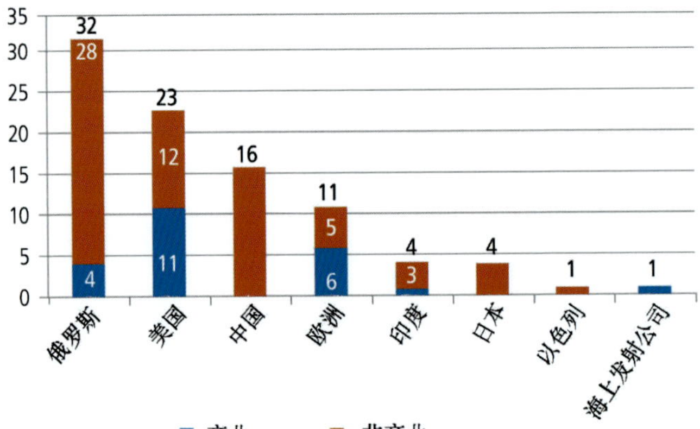

数据来源：美国联邦航空管理局。

图表 2－6　2012—2014 年全球发射的航天器总市值

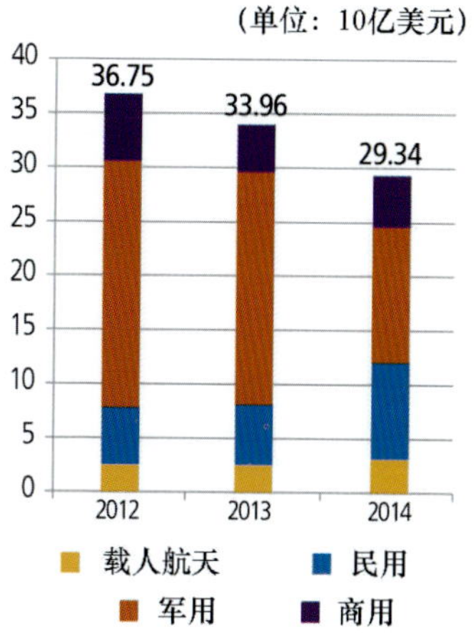

数据来源：Eurospace。

图表 2－7　2012—2014 年按国别分类的全球航天器总市值

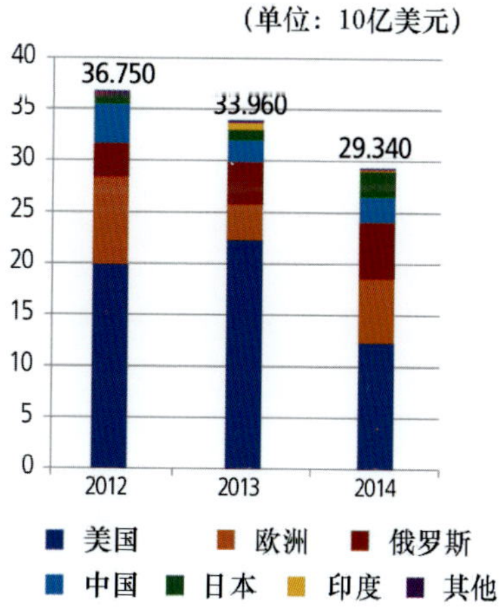

图表 2－9　1994—2014 年航天保险产业产值

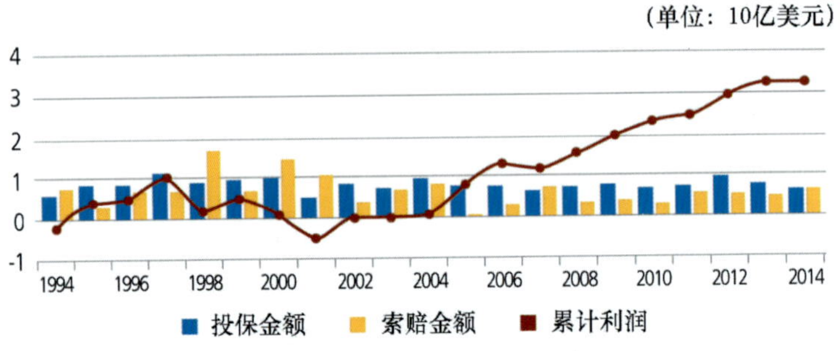

资料来源：Aon ISB 等保险公司。

图表 2－11　2005—2014 年北美卫星电视直播到户收入

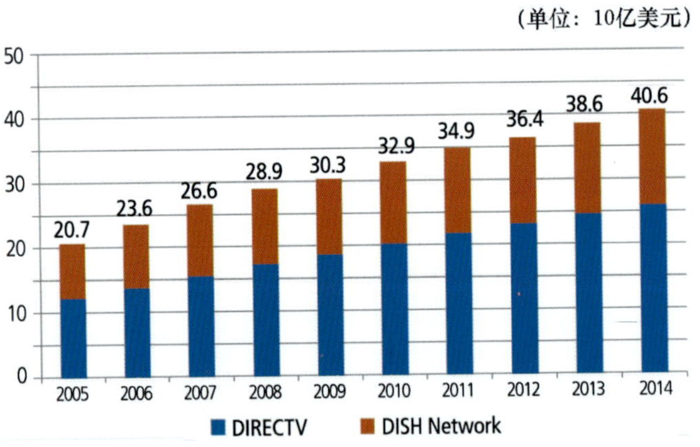

资料来源：公开数据。

图表 2－12　2007—2013 年地球观测产业总收入

（单位：10亿美元）

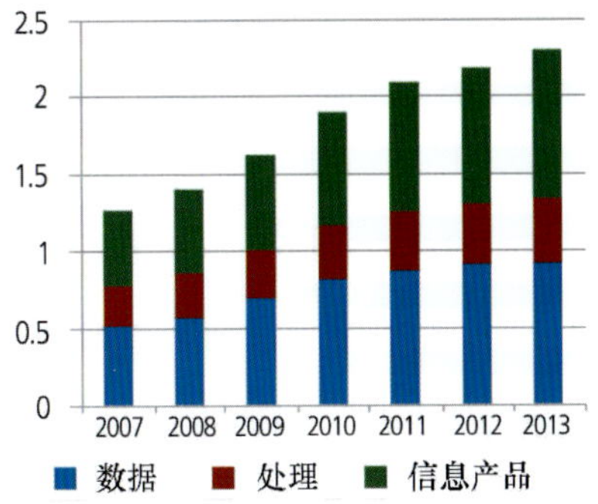

数据来源：Northern Sky Research 公司。

图表 2－20　2014—2015 年欧盟委员会“地平线 2020”计划航天部分预算

（单位：百万欧元）

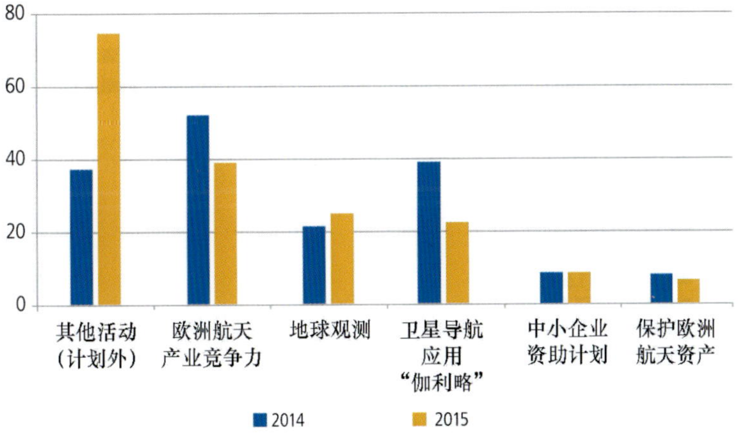

资料来源：“地平线 2020”计划/欧洲航天局。

图表 3－2　1983—2014 年各国发射次数及有效载荷量统计

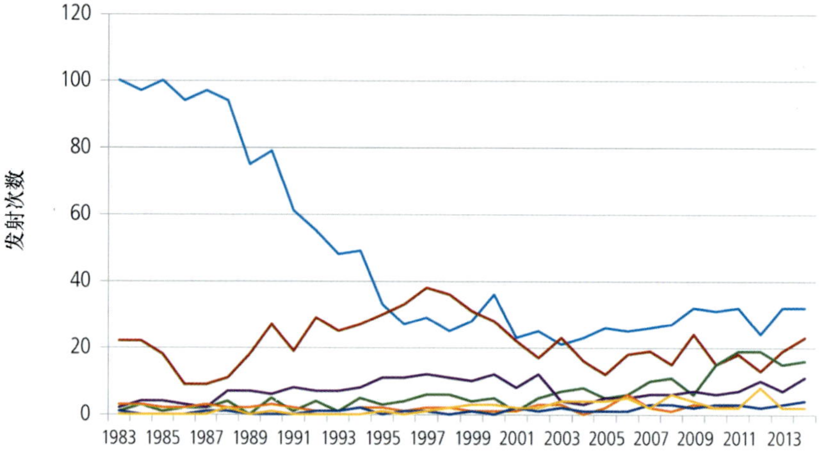

（a）发射次数统计

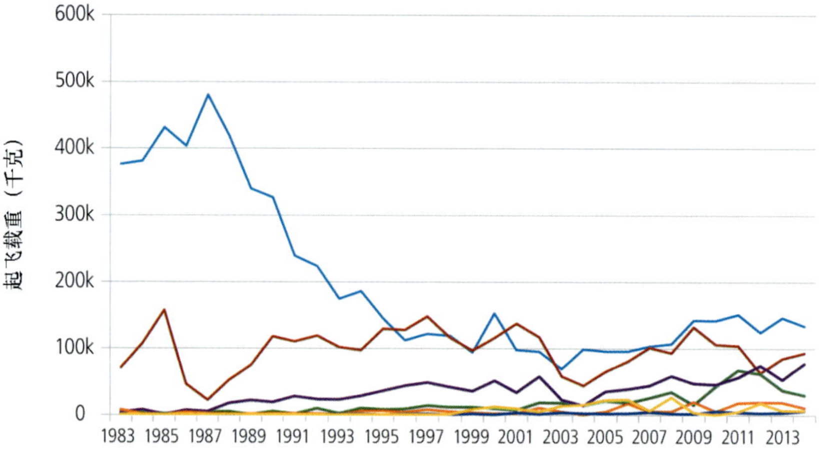

（b）起飞载重统计

● 俄罗斯　● 美国　● 中国　● 欧洲　● 日本　● 印度　● 其他国家

数据来源：欧洲航天产业协会。

图表 3－3　地球同步轨道及非地球同步轨道商业发射历史与发射活动预测

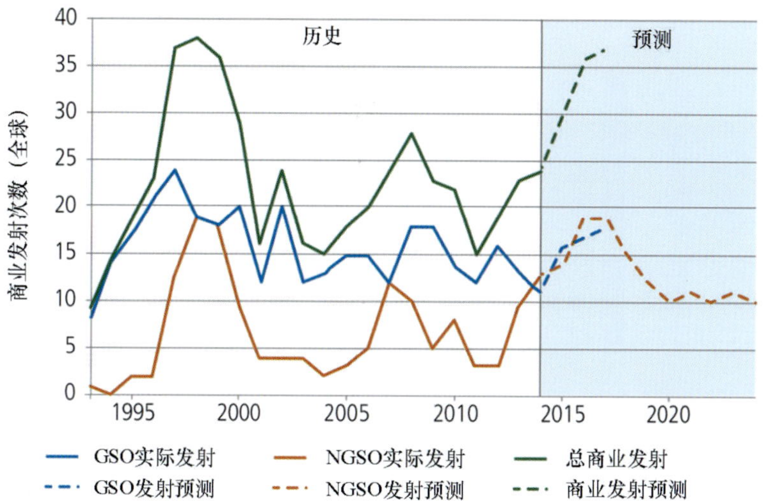

注：2018—2024 年地球同步轨道发射活动的次数无法预测。

数据来源：商业航天运输咨询委员会。

图表 3－8　1995—2014 年入轨航天器质量（按市场数据统计）

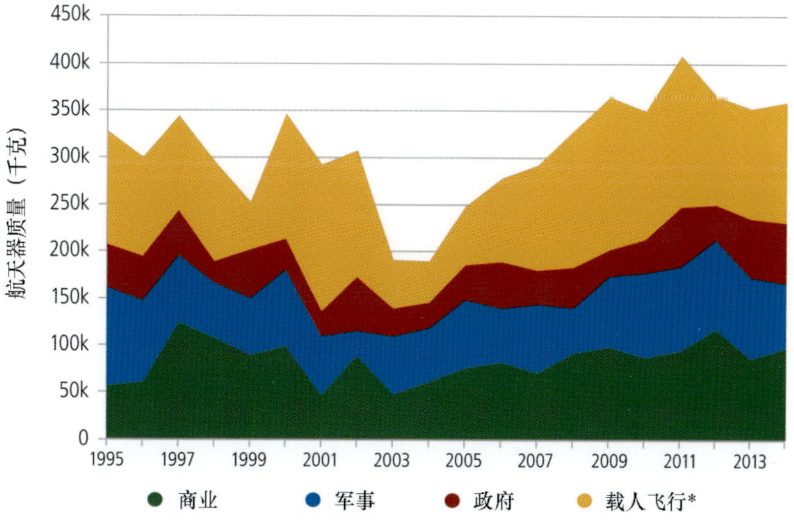

* 载人飞行包含乘员飞行和为乘员提供补给的货运飞行。

数据来源：欧洲航天产业协会。

图表 3 - 9　2014 年发射航天器数量和质量（按市场数据统计）

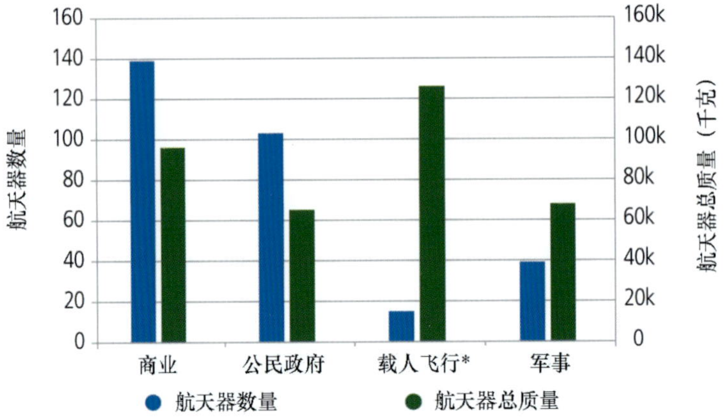

＊载人飞行包括乘员飞行和为乘员提供补给的货运飞行。

数据来源：欧洲航天产业协会。

图表 3 - 10　1995—2014 年轨道发射质量

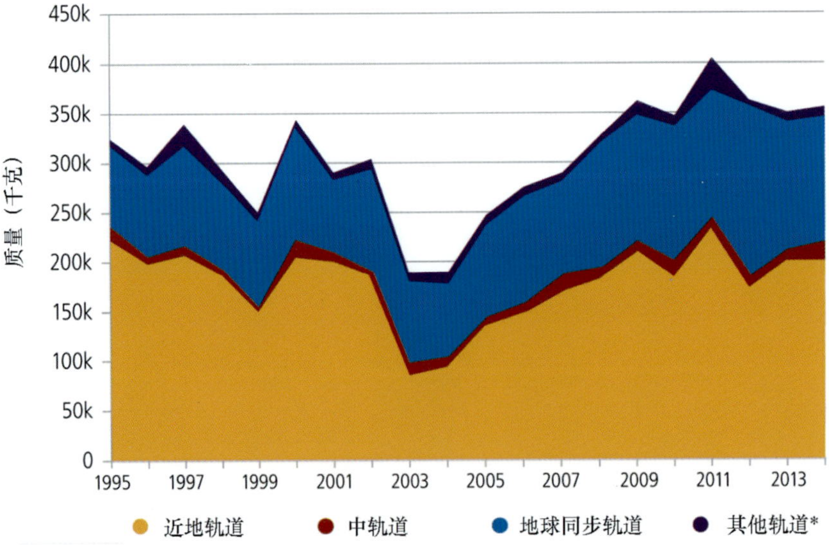

＊其他轨道还包括大椭圆轨道、逃离轨道等。

数据来源：欧洲航天产业协会。

图表 3－11　1995—2014 年各国制造的已发射航天器质量分布

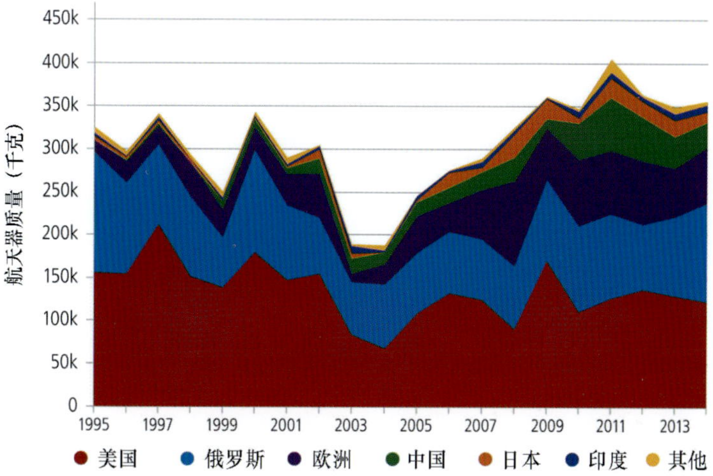

数据来源：欧洲航天产业协会。

图表 3－12　2014 年主要航天国家和组织航天器发射的数量及质量分布

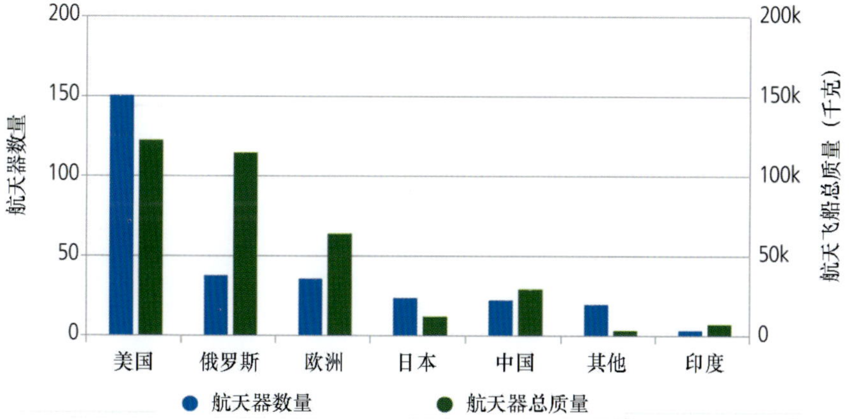

数据来源：欧洲航天工业协会。

图表 3 - 13　2014 年航天器发射任务数量及总质量

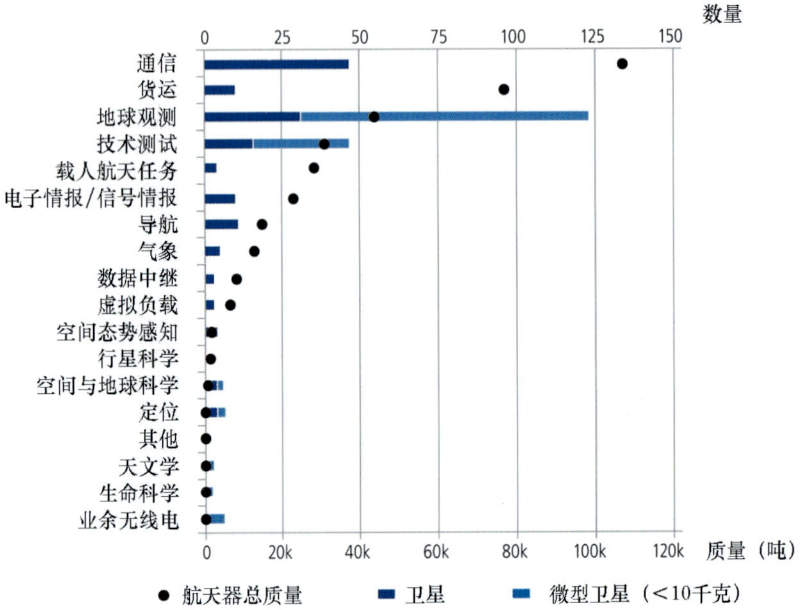

数据来源：欧洲航天产业协会。

图表 3 - 14　1995—2014 年全球发射的地球同步卫星的通信能力

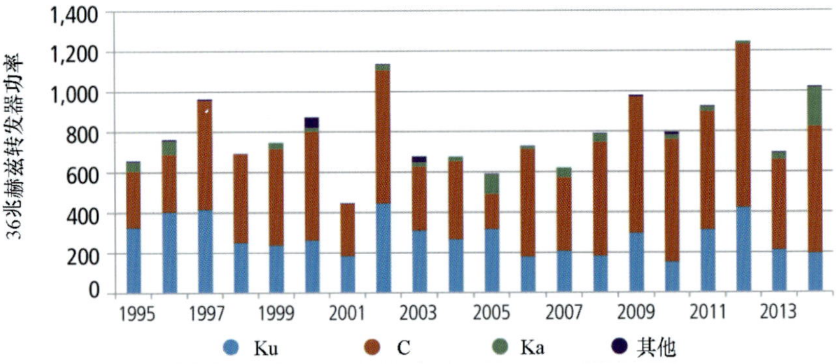

数据来源：欧洲航天工业协会。

图表 3－15　2000—2014 年每年可用地球同步卫星的通信容量

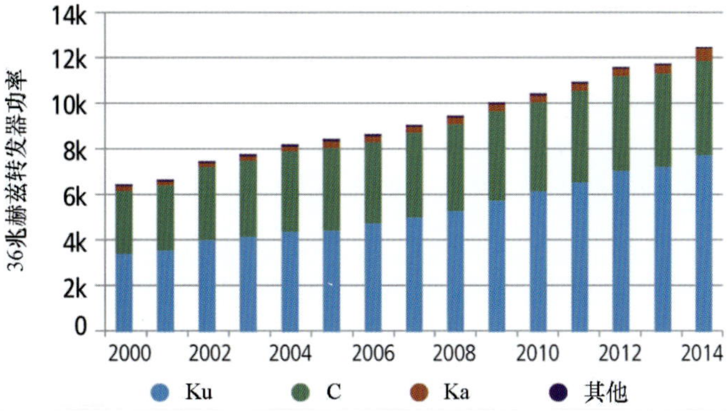

数据来源：欧洲航天工业协会。

图表 3－16　2004—2014 年地球同步高通量卫星通信容量

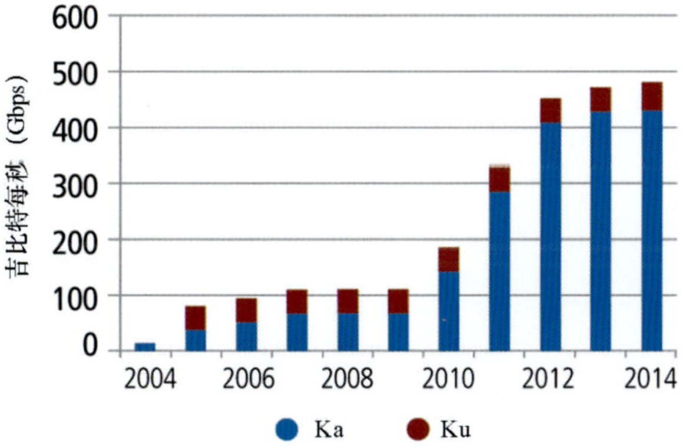

数据来源：欧洲航天工业协会。

图表 3－17　2000—2014 年政府民用及商业卫星通信卫星数量

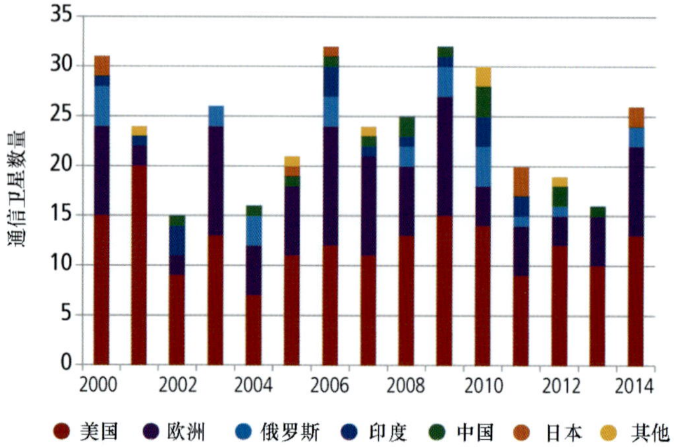

数据来源：欧洲航天工业协会。

图表 4－1　美国、欧洲及日本航天从业人员规模变化趋势示意图

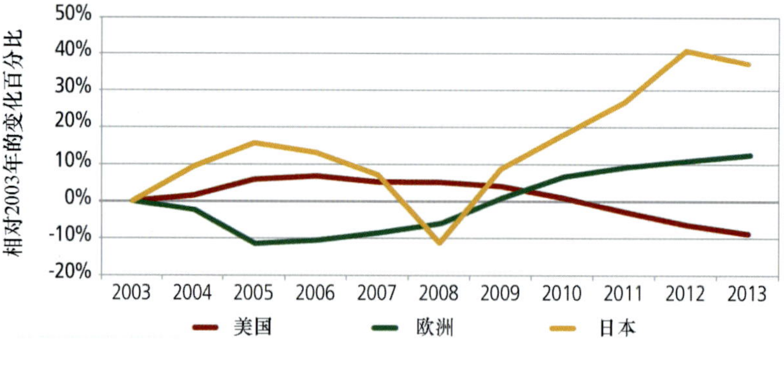

数据来源：美国劳工部统计局、欧洲航空工业联合会、日本航空宇宙工业会。

图表 4－4　2003—2014 年美国航天产业就业情况及美国总就业人数情况

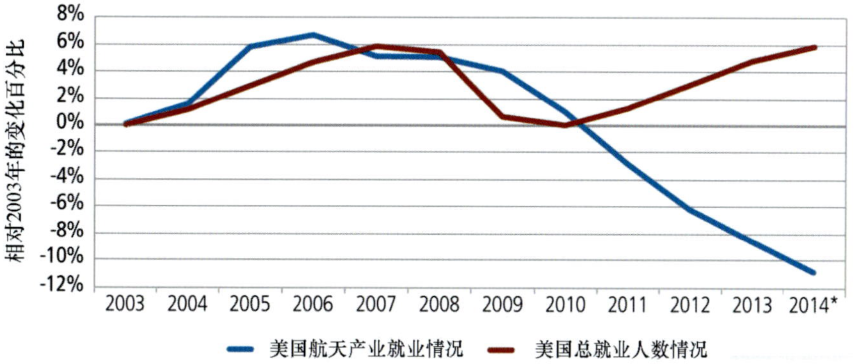

注：* 2014 年第二季度初步汇总。数据来源：美国劳工部统计局。

图表 4－5　2008—2013 年美国航天产业薪资与薪资增长水平

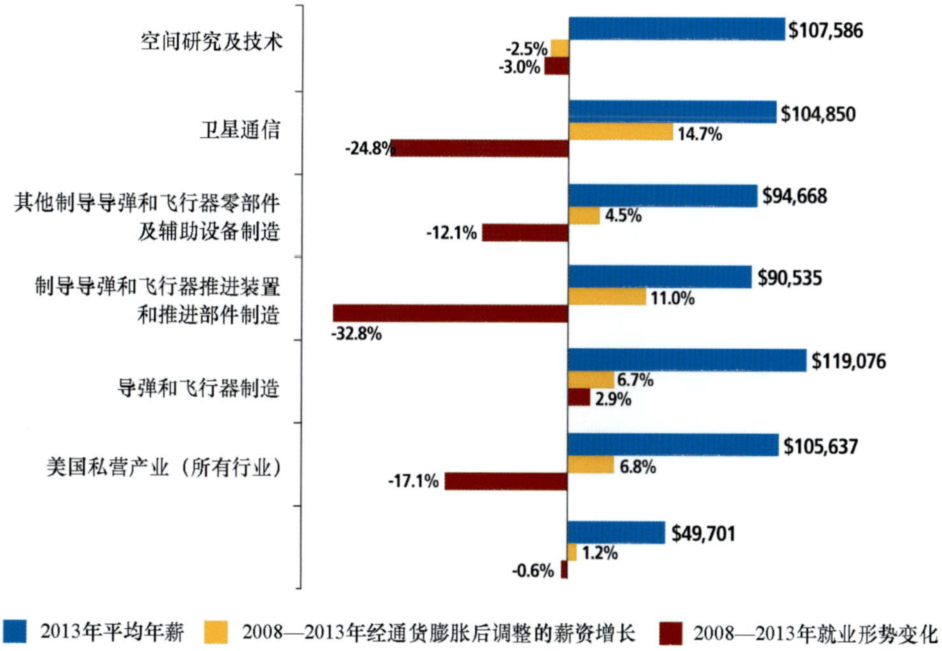

数据来源：美国劳工部统计局季度就业与薪资普查。

图表 4－8　美国国家航空航天局文职人员年龄分布示意图

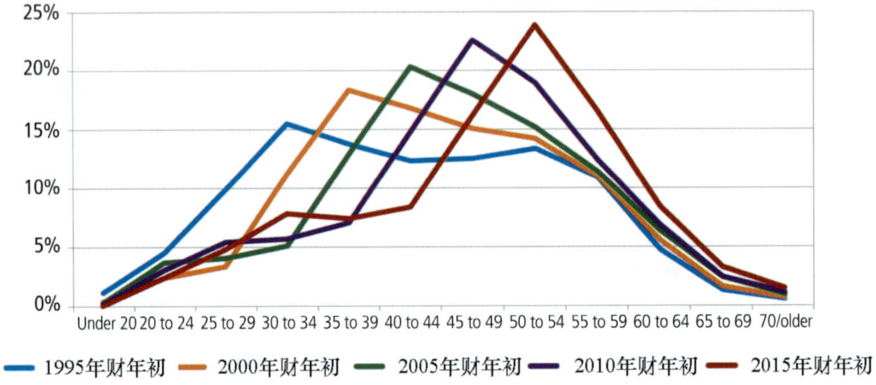

数据来源：美国国家航空航天局员工信息数据库（WICN）。

图表 4－9　2004—2014 财年美国空军太空作战人才构成示意图

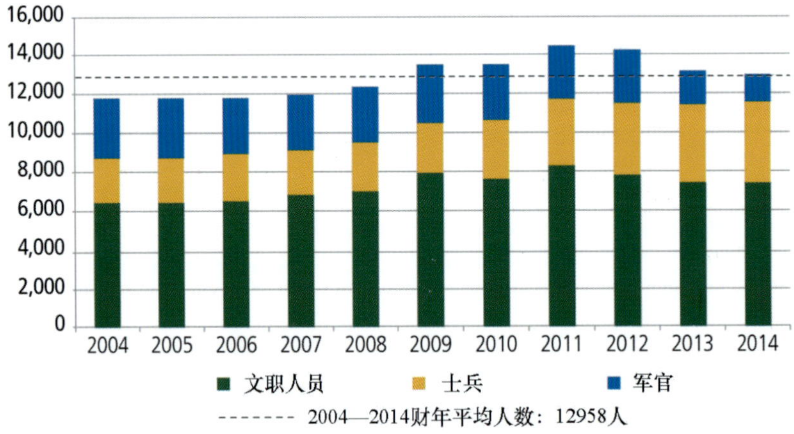

数据来源：美国空军人事中心互动人才统计分析系统。